단숨에
호감형 인간이 되는
매너의 기술

단숨에
호감형 인간이 되는
매너의 기술

김모란 지음

RHK
알에이치코리아

contents

2장

관심 매너

나는 네가 무엇을 좋아하는지 알고 있다

3장

배려 매너
작은 배려가 큰 매너가 된다

4장

대화 매너
대화를 잘하면 사람을 얻는다

매너가 왜 필요해요?

"매너? 그거 여자들이 차 탈 때 문 열어주고 의자 빼주고, 뭐 그런 거 말하는 거 아니에요? 그런데 왜 문을 열어줘야 하죠?"

이 질문에서 매너는 시작된다. 물론 여성도 본인의 손으로 차문을 열 수 있다. 나 역시 그런 정도의 근력은 있다. 심지어 웬만한 남자보다 팔 힘이 세다. 그러나 남성과 함께 차를 탈 때 상대방이 차문을 열어주면 기분이 좋다. 내가 손이 없어서가 아니라 상대방으로부터 존중받고 있다는 느낌이 들어서다. 승용차를 탈 때 머리 조심하라며 차문 윗부분에 본인의 손을 대준다거나 차문을 조심스럽게 닫아줄 때도 존중받는다고 느낀다. 매너는 상대를 향한 배려, 또는 상대방을 존중하는 마음의 표현이라 할 수 있다. 남성·여성의 문제가 아니다.

유명한 사랑노래를 작사·작곡한 한 싱어송라이터는 이렇게 말했다. 본인은 자신의 노래 가사에 '사랑'이라는 단어를 사용하지 않는다고. 그러나 누구든 그 가수의 노래를 들으면 충분히 사랑을 표현하고 있다고 느낀다. '사랑'이라는 직접적인 단어는 쓰지 않지만 "널 보지 않고 생각만 해도 난 설레. 내 머릿속에 너 생각만 나. 너와 함께하는 미래를 생각해"라는 가사는 누가 들어도 사랑 노래다. '사랑'이라는 단어가 나오지는 않지만 듣는 이로 하여금 사랑을 느끼게 한다.

배려나 존중도 그렇다. 직접적으로 "나는 지금 너를 배려하고 있어" "나는 널 존중해"라고 말하지 않아도 나의 행동과 표현으로 상대방이 '배려'와 '존중'을 느끼는 것. 그것이 매너다. 어떤 이는 이렇게 묻기도 한다.

"내 돈 주고 내가 밥 사먹는데 '잘 먹겠습니다! 감사합니다!' 이런 인사를 왜 하라는 거예요?"

실제로 이런 질문을 받은 적이 있다. 솔직히 당황스러웠다. 매너에 대한 질문도 이 질문과 같은 맥락이다.

"왜 굳이 매너를 지켜야 해요? 되는 대로 살면 되지, 남의 시선이 뭐가 중요해요? 남에게 잘 보이기 위해 사는 게 더 피곤

한 거 아닌가요?"

이렇게 묻는다면 나는 이렇게 답하고 싶다. 다른 사람에게 좋은 사람이 되기 위해서가 아니라, 나 자신이 좀 더 나은 사람이 되기 위함이라고. 타인을 배려하는 마음이 나의 격을 높이는 하나의 방법이 될 수 있으며, 그렇게 나도 좋은 사람으로, 멋진 사람으로 성장해나가는 것이라고.

아무리 5개 국어에 능통하다 한들, 해외 명문대를 졸업한 수재라고 한들 타인과의 관계에 균열이 생긴다면 사회생활을 제대로 해나갈 수 없다. 미국의 카네기재단에서 100만 달러를 투자해서 성공한 사람 만 명을 기준으로 성공의 비결을 5년 동안 조사한 결과, 90퍼센트 정도의 사람들이 잘 다져놓은 인간관계가 성공의 비결이라고 대답했다. 하버드 대학의 직업보도국에서 실직한 사람들을 대상으로 실직한 이유에 대해 조사한 내용도 인상적이다. 조사 결과, 업무적으로 무능해서라기보다 조직 내의 인간관계에 적응하지 못해 실직한 사람의 수가 2배 가깝게 많았다고 한다. 이것은 인간관계가 얼마나 중요한지 단적으로 보여주는 예이며, 우리가 왜 매너를 지키며 살아야 하는지에 대한 핵심적인 답변이다.

누구든 이 세상을 혼자 살아갈 수는 없다. 우리는 수많은 사

람들과 관계를 맺고, 좋든 싫든 그 사람들과 어울려 살아야 한
다. 나는 살아가는 동안 남에게 손가락질을 받기보다는 좋은
사람으로 남고 싶다. 그 사람을 언제 어디에서 다시 마주칠지
는 몰라도, 나를 떠올렸을 때 빙그레 미소가 지어지길 희망한
다. 나는 그 열쇠를 매너에서 찾으려 한다.

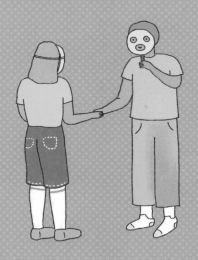

1장

인사 매너

인사만 잘해도
인간관계가 달라진다

인사에 대한 커다란 오해

우리는 하루 동안 몇 명의 사람들과 마주칠까? 아마 셀 수 없이 많은 사람들과 스치고, 그들과 인사하며 지낼 것이다. '인사'는 알고 지내는 사람들과 서로 안부를 묻고 공경을 표현하기 위해 하는 것만은 아니다. 때로는 친구나 지인이 아닌 사람들에게 건네는 인사가 나의 인격을 표현하기도 한다.

"안녕하세요." "오랜만에 뵙겠습니다." "수고하세요!" "감사합니다!" "안녕히 계십시오." "좋은 하루 보내세요." 등등 우리는 하루에도 수없이 많은 인사말을 주고받는데, 인사할 타이밍을 놓치거나 때로는 귀찮아서 인사를 안 하거나 지나치기도 한다.

성인이 되고 나서는 왠지 먼저 인사를 건네면 상대방에게 지고 들어가는 것처럼 느껴지기도 한다. 마치 기싸움을 하듯 '니가 먼저 할래? 내가 먼저 할까?' 하는 식으로 상대방의 눈을 노려보며(?) 타이밍을 보기도 한다. 인사를 두고 벌어지는 이런 알력은 학교나 직장 선후배 관계에서 흔히 나타나는데, 대개 윗사람은 후배나 아랫사람이 인사할 때까지 기다리다가 인사를 받고 나서야 인자한 표정으로 인사를 받아주곤 한다. 이렇듯 우리는 흔히 아랫사람이 윗사람에게 먼저 해야 하는 게 인사라고 생각한다. 정말 인사에도 순서가 있을까?

많은 책에서 인사의 법칙과 순서에 대해 서술하곤 한다. 아랫사람이 먼저 해야 하고, 인사할 때에는 발걸음을 멈추고 상대방의 눈을 응시한 뒤 허리를 숙이고, 시선은 상대방의 신발 앞코를 응시해야 한다는 등 인사 매뉴얼에 대해 자세히 설명한다. 하지만 이 모든 것을 생각하고 실행에 옮긴다면 가뜩이나 챙겨야 할 일, 신경 써야 할 일이 많은 복잡한 우리 삶이 얼마나 더 복잡해질까? 가뜩이나 하기 귀찮은 인사가 더 하기 싫어질지도 모른다.

돌이켜 생각해보면, 깍듯하게 45도 각도로 허리를 숙이고 나의 눈을 마주 보며 우렁차게 "안녕하십니까"라고 외치는 후

인사 매너

배보다 반갑게 웃으면서 "선배님, 안녕하셨어요?" 하며 친근하게 다가오는 후배가 더 예뻐 보였다. 상대방을 존중한다는 의미의 인사, 예의 바르게 행동하는 태도가 묻어나는 인사가 상대에게 좋은 인상까지 남긴다면 일석이조가 아닐까?

인사는 나의 이미지를 만드는 첫걸음이 될 수 있다. 첫인상은 상대방에게 만들어지는 나의 첫 이미지인데, 상대를 만나 처음 하는 행위가 인사이니, 인사가 그 사람의 첫인상을 만드는 중요한 단초가 될 수 있다.

저 사람이 나보다 나이가 어리고 직급이 아래이기 때문에 내가 먼저 인사해서는 안 된다고 생각하는 건 인사에 대한 단단한 오해다. 좋은 인사는 상대와 눈이 마주친 즉시 해야 한다. 윗사람이든 아랫사람이든 직급이 위든 아래든 인사해야 할 상대가 눈앞에 나타나면 그 즉시 인사하는 것이 바람직하다. 거리가 조금 떨어져 있다면 먼저 미소를 띤 채 목례를 하고('내가 당신을 보았어요'라는 무언의 표시가 된다), 인사말을 주고받을 정도로 그 사람이 가까이 다가오면 그때 적절한 인사말을 주고받으면 된다.

오는 만큼 가는 인사

몇 해 전 지인이 이성을 소개한다며 자리를 만든 적이 있다. 일명 소개팅. 내 나이가 있으니 소개팅이라고 해야 하는지, 선이라고 해야 하는지 모르겠지만, 주선자는 상대 남성이 쌓아 놓은 스펙, 인성에 대해 입에 침이 마르도록 칭찬을 해댔다. 그 바람에 나도 은근히 기대를 하고 상대를 만나러 나갔다. 그러나 나의 기대는 상대를 보고 3초 안에 사라지고 말았다.

주선자와 상대 남성은 나보다 먼저 도착해 자리에 앉아 있었다. 나는 테이블로 다가가 주선자와 남성분에게 "안녕하세요. 처음 뵙겠습니다"라고 밝게 인사했다. 그런데 주선자만 자리에서 일어나 나를 맞이하는 게 아닌가. 상대남은 자리에서 미동도 하지 않았다. 상황이 민망했는지 주선자가 상대남에게 "일어나서 인사하지~"라며 옆구리를 툭 쳤지만, 그는 끝까지 일어나지 않았다. 처음 보는 사람을 그 모습만 보고 판단할 수는 없지만, 그의 첫인상이 결코 좋을 수는 없었다.

누군가 나를 반갑게 맞아주고 밝게 인사해주는 걸 기분 나빠할 사람은 없다. 허리를 굽히는 각도보다 마음이 전달되어야 한다. 반가운 마음, 고마운 마음 같은 것 말이다. 비즈니스

인사 매너

현장에서의 인사 매너는 더 중요하다. 나의 이미지가 우리 회사의 이미지와 직결되기 때문이다. 그런 이유 때문에 기업에서 비즈니스 매너 교육을 따로 시키는 것이다. 명함 주고받는 방법, 악수 매너, 소개 매너 등을 고가의 교육비를 들여 직원들에게 교육시키는 이유가 바로 여기에 있다.

인사를 잘하면 자다가도 떡이 생긴다. 항공사 승무원 시절에도 그랬다. 승무원의 인사말에 아무 대꾸도 없고 무표정한 얼굴을 보이는 승객이 있다면 비행 내내 그 승객에게는 가까이 다가서기 힘들다. 비행기 탑승 시, 반갑게 웃으며 인사하는 승무원들을 향해 같이 웃어주고 인사말을 건네는 승객에게는 왠지 모르게 더 잘해주고 싶고, 하나라도 더 챙겨드리고 싶다. 어쩔 수 없다. 그게 바로 인지상정人之常情이다.

구체적으로 인사하라

우리는 통상적으로 "안녕하세요"라고 인사한다. 하지만 그 말 뒤에 칭찬이나 관심의 표현 한 문장을 더하면 상대방에게 훨씬 좋은 인상을 주고 관계를 호전시킬 수 있다. "안녕하세요. 어머, 헤어스타일이 바뀌셨네요. 훨씬 더 젊어 보이세요."

"오랜만이에요. 안 본 사이 더 예뻐지셨네요!"

"안녕하세요. 스카프가 너무 잘 어울리세요."

상대방에 대한 칭찬의 한마디가 둘의 관계에 좋은 윤활유가
될 수 있다. 물론 처음에는 조금 어색하기도 하고 손발이 오글
거리기도 한다. 하지만 처음이 힘들지 하다 보면 자연스러워
진다. 첫 시도만 어려울 뿐, 일단 시도하고 나면 그다음부터는
그리 어렵지 않다.

승무원 시절, 후배 승무원들에게 항상 강조했던 것도 '인사'
였다. 하루에 몇 편의 국내선 비행에 배정되는 승무원은 항공
기에 탑승하는 모든 승객들에게 탑승인사, 하기인사를 한다.
이걸 합치면 최대 2천 번이 넘는다.

"안녕하십니까. 어서 오십시오."

"감사합니다. 안녕히 가십시오."

이 말을 2천 번 넘게 하다 보면 어느새 억양도 일정해지고
인사하는 기계가 된 듯한 기분이 들 때도 있다. 하지만 마치
로봇에게 정해진 멘트의 인사말을 듣는 기분이라면 승객들도
썩 유쾌하지는 않을 것이다. 승무원에게는 수백 수천 번의 인
사말 중 하나이니 중요하지 않을 수도 있지만, 그 인사를 받는

승객의 입장에서는 승무원의 첫 인사말일 테니 특별한 순간이 될 수도 있다. 그런 소중한 순간을 기계적인 인사말로 시작한다면 감동 서비스가 되겠는가.

"안녕하세요, 어서 오십시오. 가방이 무거워 보이는데 제가 좀 도와드릴까요?"

"안녕하세요, 어서 오십시오. 가족분들이 다 같이 여행 가시나 봐요. 좋은 여행되세요!"

"안녕하세요, 어서 오십시오. 어머~ 예쁜 꼬마 아가씨가 오셨네요?"

"기분 좋은 여행으로 모시겠습니다. 어서 오십시오."

인사말만 바꾸어도 그 자체가 좋은 서비스가 된다. 로봇이 하는 인사말에는 어떤 감흥도 느껴지지 않지만, 승무원이 진심을 담아 인사하면 그 항공사, 또는 그 승무원의 첫인상은 좋아질 수밖에 없다.

나를 돋보이게 하는 나만의 인사말이나 인사 노하우를 한번 만들어보는 건 어떨까?

더불어 사는 모두에게 인사하라

나는 현재 한 대학교에서 항공사 승무원이 되고 싶어 하는 학생들에게 승무원의 업무에 대한 이해도와 직무 역량을 높이기 위한 여러 수업과 프로그램을 진행하는 교수로 근무하고 있다. 더불어 '승무원의 모습은 이런 것이다'를 학생들에게 몸소 보여주는 보이지 않는 교육도 하고 있다. 나는 항공사 유니폼을 더 이상 입지 않지만, 또한 앞으로 입을 일도 없겠지만 승무원으로 근무하던 시절과 똑같이 다이어트를 한다. 그리고 완벽하지는 않지만 평소에도 최선의 노력을 들여 외모를 가꾸려고 한다. 예쁜 옷을 입고, 화장을 하고, 항상 몸가짐을 바로하며, 밝은 표정을 유지하려 노력한다. 그런 모습과 노력이 학생들에게는 또 하나의 교육이기 때문이다.

학생들 중에는 단 한 번도 승무원을 보지 못한 채 승무원을 꿈꾸는 학생들도 있다. 그들에게 승무원의 롤모델이 내가 될 수도 있기에 나는 항상 긴장하며 바르고 예쁘게 살아야 한다고 생각한다. 그러기 위해서는 학생들에게 모든 면에서 모범이 되어야 한다고 생각하며, 그중 하나가 바로 '인사하기'다.

나는 학생들이 먼저 인사하기를 기다리지 않고 내가 먼저 인사하곤 한다. 그리고 학생들이 나에게 인사할 때 무시한 채 넘어가거나 대꾸 없이 지나가지 않는다. 항상 대답해주려고 노력한다.

"교수님, 안녕하십니까."

"응~ 그래, 우진이도 안녕?"

"교수님, 안녕하세요."

"그래, 은정이 밥은 먹었니?"

"교수님, 안녕하세요."

"응, 지수 오늘 예쁜 옷 입었네?"

가능하면 이렇게 학생들과 눈을 마주치고 교감하려고 노력한다. 정작 나는 인사하지 않으면서 학생들에게 예의를 갖추라고 가르치는 건 앞뒤가 맞지 않는다고 생각해서다.

또 하나 중요하게 생각하는 인사가 학교의 환경미화를 도와주시는 분들에게 드리는 인사다. 학생들에게도 우리가 사용하는 건물 복도나 화장실 청소를 맡아주시는 분들에게 깍듯하게 인사하라고 가르친다. 가끔 교수님들에게만 인사를 잘하면 된다고 생각하는 학생들이 있는 것 같다. 내가 만나는 사람이 누구든 마주치는 모두에게 인사하고 예의를 갖춰야 한다. 더구나 내가 사용하고 있는 곳을 깨끗하게 청소해주시는 분들인데 마주칠 때마다 감사의 말은 못할망정 그 흔한 인사말 하나 상냥하게 못한다면 승무원이 될 자질이 없다고 생각한다. 물론 꼭 승무원이 되고 싶은 사람만 이렇게 행동해야 하는 건 아니다. 적어도 나를 위해 수고해주시는 많은 분들에게 지나가는 말이라도 살뜰하게 인사말을 건네면 이 세상이 조금은 더 따뜻한 곳이 되지 않을까?

인사의 부작용

인사를 잘해야 한다고 강조하다 보면 부작용이 일어날 때도 있다. 굳이 인사하지 않아도 되는 타이밍에 반갑게 인사하는 경우다. 인사받기 민망한 장소도 있으니 감안해야 한다.

가령 사무실 화장실에서 직장 상사나 동료를 만났다면 목례 정도만 해도 괜찮다. 양치질을 하는데 굳이 옆에 와서 "안녕하십니까"를 외치며 90도로 인사하고 가는 후배들이 있다. 이럴 때는 인사에 반응하기도 어려우니 인사받는 사람도 민망하고 불편하다. 화장실에서 막 볼일을 마치고 나오는 사람에게도 적극적으로 인사하기보다는 눈인사 정도가 좋다. 몇 해 전 동네 목욕탕에서 매우 멋쩍은 상황을 겪은 적이 있다.

"어머! 김모란 교수님 아니세요?"

목욕탕에서 나를 교수님이라고 호칭하는 이분은 누구실까? 나는 중년의 여성분이 누구인지 도무지 알 수가 없어 당황한 채로 어리바리하고 있었다.

"교수님, 저 아무개 엄마예요. 지난번 졸업식 때 인사드렸는데 기억 안 나세요?"

그랬다. 몇 해 전 졸업식에서 한 학생의 부모님이 나에게 감사 인사를 하신 적이 있다. 여자들은 화장을 지우면 못 알아보는 경우도 있고, 동네 목욕탕에서 제자의 어머니를 만나리라고는 상상도 못했기에 어찌할 바를 몰랐다.

"아, 네. 이제야 기억나네요. 안녕하세요"라고 엉거주춤한 상태로 인사를 하니, 그 어머니께서는 대놓고 내 몸을 위아래로 훑어보기 시작했다. 너무나 창피하여 눈을 어디에 둘지 몰라 진땀을 흘린 적이 있다.

장소가 어디든 상대를 먼저 발견한 사람이 공손하면서도 적극적으로 인사하는 게 예의이긴 하지만 때와 장소는 가려야 한다. 적어도 화장실과 목욕탕, 그 밖의 민망한 장소에서는 슬쩍 넘어가주는 것도 매너이자 센스다.

명함은 얼굴이다

　초등학교에 다닐 때 보았던 아침 드라마의 한 장면이 지금
도 생생히 기억난다. 방송국에 다니는 사람들의 이야기였는
데, 남자든 여자든 다들 멋진 정장을 입고 목에 사원증을 걸고
출근을 했다. 어린 마음에 그 모습이 너무 멋져 보이고 부러웠
다. 그래서 그때 결심했다. 나도 나중에 꼭 저런 목줄을 주는
회사에 들어가겠다고. 사실 그때는 그 목줄이 사원증인지도
몰랐다. 그렇게 십여 년이 지나고 나는 항공사에 취업했고, 목
에 사원증을 걸고 출퇴근하게 되었다. 심지어 회사 출입증과
공항 출입증 두 개나 걸고 다니는 승무원이 되었다.

　그러나 막상 회사에 들어가 보니 사원증에 대한 어릴 적 환
상은 오래가지 않았다. 왜냐하면 사원증이 나에게는 폭탄 같
은 물건이었기 때문이다. 항공사 승무원들은 사원증, 공항출
입증이 없으면 비행을 갈 수 없기 때문에 실수로 사원증을 집
에 두고 온 날이면 정말 큰일이 난다. 내 근무평가 점수가 감
점됨은 물론이고 나로 인해 승무원 한 명이 부족한 상태로 이
륙하거나, 나로 인해 대기 상태였던 승무원이 갑자기 장거리
비행에 불려 나갈 수도 있고, 어쩌면 나로 인해 누군가의 스케

　　　　　　　　　　　　　　　　인사 매너

줄이 갑자기 바뀌어 내 대체자로 투입될 수도 있기 때문이다. 그뿐만이 아니다. 평가점수가 감점되면 우리 팀 전체의 점수에도 영향을 미친다. 그러니 사원증 관리는 굉장히 중요한 일이었고, 그러다 보니 사원증에 대한 환상은 저 멀리 사라졌다.

사원증 말고 또 다른 로망은 명함이었다. 사실 객실 승무원으로 근무하면서 명함을 주고받을 일은 거의 없다. 기껏해야 차를 주차하고 연락처를 남겨야 할 때 말고는 쓸 곳이 없다. 텔레비전을 보면 비즈니스 미팅을 하거나 해외 바이어를 만날 때 양복 입은 사람들이 자연스럽게 인사를 나누며 명함을 주고받는 모습이 많이 등장한다. 그럴 일이 별로 없는 나는 그런 모습이 너무 멋있어서 객실 사무장으로 진급하자마자 명함을 신청했다. '대한항공 객실 사무장 김모란'이라고 인쇄되어 나온 명함을 보니 너무나 행복하고 뿌듯했다.

그런데 100장의 명함 중에서 어머니한테 한 장 드리고, 남자친구한테 한 장 주고 나니 줄 사람이 없었다. 하지만 대학교수가 되고 나서는 사정이 달라졌다. 찾아오는 사람도 많고, 만나는 사람들의 폭도 넓어지고, 다양한 사회활동을 하니 명함 주고받을 일이 많아진 것이다. 드디어 나도 텔레비전에서 본 것처럼 멋지게 명함을 주고받게 되었다.

그런데 의외로 명함 주고받는 매너를 전혀 모르는 사람들이 많았다. 특히 기업체에서 매너 강의를 할 때 '명함 주고받는 매너'에 대해 설명하다 보면 생전 처음 듣는 얘기라는 반응도 많다. 명함을 주고받는 건 어찌 보면 굉장히 형식적인 과정 같지만 그 형식을 매너 있고 자연스럽게 하면 상대방에게 좋은 인상을 남길 수 있다.

명함을 건넬 일이 있다면 명함만 따로 보관하는 명함지갑을 준비하는 것이 좋다. 돈을 넣고 다니는 지갑에서 꺼내거나 양복 윗주머니, 또는 바지 뒷주머니에서 낱장으로 주섬주섬 꺼내는 것보다 명함지갑을 따로 가지고 다니면 내 명함뿐만 아니라 상대방 명함을 보관하기도 좋다. 명함을 주고받을 때 상대방을 기다리게 하면서 명함을 찾는 것은 좋은 매너가 아니니 미리 준비해야 한다. 명함을 주는 순서도 사실은 정해져 있다. 연소자와 연장자가 만났다면 연소자가 먼저 연장자에게 본인을 소개하며 명함을 건네야 한다. 방문자와 호스트가 있다면 방문자가 먼저 본인을 소개하며 호스트에게 명함을 건네고, 직급이 낮은 사람과 직급이 높은 사람이 만났다면 직급이 낮은 사람이 높은 사람에게 본인을 소개하며 명함을 건넨다. 비즈니스 미팅이라면 양쪽 직급이 다양할 수밖에 없는데, 이럴 경우에는 윗분들의 명함 교환이 끝나고 나면 그때부터 직급 순서대로 명함을 교환한다. 만약 악수를 해야 하는 상황이라면 명함을 주고받는 순서와 반대다. 연장자가 먼저 손을 내밀고, 호스트가 먼저 권하며, 상급자가 먼저 청한다.

그럼 한 손으로 명함을 내밀면서 다른 한 손으로 악수하는 건 어떨까? 시간도 절약되고 경제적으로 보이지만 매너에 어긋난다. 자연스럽게 연소자, 또는 방문자가 자기를 소개하며 명함을 주고, 그 명함을 받은 연장자나 호스트가 반가움의 의미로 악수를 청하면 된다.

상위 직급자의 명함을 받을 때에는 두 손으로 공손히 받고, 쌍방이 주고받을 때에는 오른손으로 주고 왼손으로 상대방의 명함을 받아도 무방하다. 또한 상대방에게 명함을 줄 때에는 상대방이 보기 편한 방향으로 주는 것이 좋다. 글자가 거꾸로 된 방향으로 주거나 옆 방향으로 주는 것보다는 내가 보았을 때 명함의 글자 방향이 반대가 되도록, 그래서 받는 사람이 받는 즉시 나의 이름과 직함을 확인할 수 있도록 주어야 한다. 상대방이 건넨 명함을 받을 때에도 두 손으로 잡고 본다. 받은 명함은 즉시 명함지갑에 넣지 말고, 회사나 직책 등을 보며 가벼운 대화를 나누는 것도 좋다. 회사 위치나 회사 로고 이야기

를 꺼내 상대방에게 관심을 보이는 정도면 된다.

보통은 명함을 주고받고 테이블에 앉아 회의를 하는데, 이 때 명함을 테이블에 올려두어도 상관없다. 나는 처음 만나는 비즈니스 상대와 미팅할 때는 명함을 순서대로 테이블 위에 놓는다. 특히 상대가 여러 명일 경우에는 앉아 있는 순서대로 놓아둔다. 직함이나 이름을 부를 때 호칭에 대한 실수를 막을 수 있고, 이렇게 직함이나 이름을 불러주면 상대방이 친숙함을 느끼기 때문이다. 간혹 앉아서 명함을 주고받기도 하는데, 이는 좋은 매너가 아니다. 명함을 주고받는 것은 정식으로 상대방과 인사한다는 의미이므로 반드시 서서 주고받아야 한다.

명함을 받은 후 테이블 위에 올려놓고 상대방이 보는 앞에서 명함에 메모하는 경우도 보았는데, 이 또한 좋은 매너는 아니다. 명함은 그 사람의 얼굴이나 다름없다. 나를 소개하는 또 하나의 얼굴이기에 명함에 메모하는 것은 상대방 얼굴에 낙서하는 것과 같다. 내 명함에 상대방이 글을 쓰는 걸 본다면 당사자 또한 기분이 썩 좋지는 않을 것이다. 그러나 상대방이 보지 않는 곳에서 메모하는 건 크게 문제되지 않는다. 나는 상대방과의 미팅 이후 간단한 메모 정도는 명함에 하고, 다음 만남이 있을 경우 다시 꺼내 보면서 그날의 기억을 회상한다. 예를 들어 상대방의 옷차림이나 헤어스타일, 누구의 소개로 만난 인물인지, 그날의 대화 내용 등 사소한 것이라도 명함에 메모한다. 그리고 만약 다시 만날 기회가 생기면 이전에 메모해둔 명함을 찾아보고 이렇게 대화를 시작한다.

"지난번 빨간색 넥타이도 잘 어울리셨는데, 오늘 파란색 넥타이도 정말 잘 어울리시네요."

"가족 여행 준비한다고 하셨는데 잘 다녀오셨어요?"

지난번 만남에서의 기억, 또는 대화 내용을 메모해두었다가 대화를 시작할 때 활용하면 그날의 대화가 매우 매끄럽게 진행될 것이다. '참 사려 깊은 사람이구나.' 또는 '기억력이 좋은 건가, 나한테 관심이 많은 건가. 암튼 기분은 좋네!' 이런 반응을 이끌어내는 건 물론이고, 긍정적인 대화의 시작이 될 뿐만 아니라 사람을 호감형으로 바꾸는 아주 좋은 팁이다.

얼굴이 보이지 않을 때 진짜 인품이 드러난다

감정노동의 강도가 가장 심한 곳이 어디인지 순위를 매길 때마다 항상 상위에 랭크되는 직업군이 콜센터 직원들이다.

인사 매너

얼굴이 보이지 않다 보니 거친 말이 오가고 욕도 서슴지 않고 하는 비상식적인 고객들이 많다고 한다. 이로 인해 직원들은 극심한 정신적 스트레스에 시달리고 급기야는 퇴사까지 한다는데, 어렵게 구한 직장이기도 하지만 한 가족의 생계가 달려 있는 직장을 그만두는 마음이 어떻겠는가. 주변 사람들은 이렇게 말할지도 모른다.

"요즘 때가 어느 때인데 그만한 일로 직장을 그만둬? 웬만하면 그냥 다니지?"

웬만하지 않으니 그만두는 게 아니겠는가. 우리 스스로도 나는 불량 고객은 아닌지 한 번쯤 생각해봐야 한다.

콜센터를 운영하는 기관에서는 고객 응대 매뉴얼과 불량 고객 대처법을 철저히 교육하고 있지만, 그 외 일반 부서에서는 이를 간과하는 경우가 많다. 왜 전화 응대법을 가르치지 않느냐고 물으면 그거야 기본 아니냐고 답한다. 그렇다. 전화 응대 정도는 고등교육까지 받은 직원들에게 시시콜콜 교육할 만한 내용이 아닐 수도 있다. 그러나 꼭 그렇지만은 않다는 걸 얼마 전 경험으로 깨달았다.

내가 몸담고 있는 학교에서 일어난 일이다. 학교도 회사와 마찬가지로 학과 외에 회계를 담당하는 부서, 홍보를 담당하는 부서, 학교의 각종 시설을 관리하는 부서 등이 있다. 그곳에는 대부분 일반 행정직원들이 근무하지만 그들을 도와주는 아르바이트(근로) 학생들도 일하고 있다. 행정적인 부분에서의 작은 일처리, 심부름, 직원 부재 시 전화 받기 등의 일들을 이 학생들이 맡곤 한다. 하루는 내가 한 부서에 전화를 걸어 해당 팀장을 찾은 적이 있다.

"○○○팀 근로학생입니다."

"○○○ 팀장님 계신가요?"

"아니요, 지금 안 계신데요."

"아, 알겠습니다. 메모 하나 남겨주실래요?"

뚜-뚜-뚜-뚜-

나는 언제 팀장이 돌아오는지, 금방 돌아오는지, 아니면 출장 중이어서 오늘 통화를 할 수 없는 건지 알고 싶었고, 메모를 남겨줄 수 있는지 묻고 싶었지만 상대방은 이미 전화를 끊어버린 뒤였다. 내가 전화를 먼저 끊었다고 오해했을 수도 있지만, 외부인이나 교직원이 해당 부서에 전화를 걸었다면 적어도 상대방이 전화를 끊었는지 확인하는 것이 기본 매너다. 아직 학생이니 이런 태도는 바로잡아야겠다 싶어 다시 전화를 걸었다.

인사 매너

"방금 전에 저랑 통화한 학생 맞나요?"

"네."

"상대방이 용무를 말하려고 하는데 그렇게 일방적으로 전화를 끊어버리면 어떻게 해요?"

"…."

"상대방이 전화 끊는 걸 확인하고 끊어야죠."

"…."

"여보세요? 왜 아무 말이 없죠?"

"(피식 웃으며) 죄송해요."

전화기로 들려오는 그 '피식' 비웃는 콧바람에는 '그래, 내가 잘못했다. 됐냐?'라는 속마음이 묻어 나오는 듯했다.

"우리 학교 학생이죠? 무슨 과예요?"

"…."

"무슨 과냐고 묻잖아요!"

"○○과요."

그 대답도 매우 당돌하고 톤이 높았다. '나 ○○과인데, 뭐 어쩔 건데?' 하는 식이었다. 슬슬 기분이 상하고 화가 났다.

"이름이 뭐예요?"

"…."

"이름이 뭐냐고요."

"(콧바람으로 피식 웃으며) ○○○이요!"

"○○○ 학생, 전화 매너 안 배웠어요?"

"…"

"상대방이 찾는 사람이 없으면 메모해드릴까요? 어디라고 전해드릴까요? 이렇게 물어봐야죠. 전화도 먼저 끊지 말고요."

"네~~~~"

그 학생의 대답은 허공 속에 의미 없이 떠다니는 "네~~~~" 였다. 더 얘기하면 화를 참을 수 없을 것 같아 그 정도로 전화를 끊고 다음에 해당 팀장에게 전달하기로 마음먹었다. 그리고 하루 종일, 밤에 잠도 제대로 못 자면서 생각했다.

'교내에 있는 내가 아니라 외부에서 학교로 전화를 건 사람에게 그렇게 응대했다면 상대방이 우리 학교를 얼마나 안 좋게 보겠어? 어떻게 그런 식으로 전화를 받을 수 있지? 그리고 그 태도는 뭐야! 윗사람이 잘못을 지적하면 진심으로 받아들일 줄 알아야지. 너는 짖어라, 나는 상관없다, 뭐 이런 식이잖아. 요즘 애들은 다 저런가?'

생각이 꼬리에 꼬리를 물었다. '내가 너무 기대가 큰 건가? 요즘 애들은 다 저런데 내가 너무 권위주의적인 건가?' 그런

인사 매너

생각이 들다가도 '대학에서 전화받는 법까지 가르쳐야 하나? 그건 기본 아닌가? 그런 건 다 어렸을 때 부모님으로부터 배우는 거잖아. 부모님을 찾는 전화가 오면 인사를 하고, 어디신지 여쭈어보고, 안 계시면 '메모해서 전달해 드리겠습니다'라고 말하는 건 다 어렸을 때 가정에서 배우는 거잖아'라는 생각도 들었다. 그렇게 이런 생각, 저런 생각을 하다가 순간, 무엇인가가 머리를 스쳤다.

'아! 요즘 학생들 세대에는 집에 전화가 없을 수도 있겠구나. 다들 휴대전화가 있으니까 전화 매너 교육을 받을 기회조차 없었을 거야.'

그렇다면 정말 전화 매너를 알 리가 없다. 내 기준으로 상대방을 평가하면 안 된다는 아주 단순한 진리를 다시 한 번 깨달은 순간이었다. 하지만 아무리 그렇더라도 나와 통화했던 부서의 근로학생에게 해주고 싶은 말이 있었다.

"전화 매너 속에 본인의 모습이 있고, 내가 속한 직장의 이미지가 있다는 걸 잊지 말길 바라요!"

다들 알고 있는 내용이겠지만 전화 매너에 대해 한 번쯤 생각해봤으면 좋겠다. 전화통화는 상대방의 얼굴을 못 보는 상황에서 목소리만을 통해 그 사람의 기분과 태도가 전달되므로 더더욱 매너가 좋아야 한다. 나는 그 학생이 내 전화를 먼저 끊은 것보다는 콧바람 섞인 비웃음 때문에 더 마음이 상했다. 전화 매너에서 가장 중요한 건 '정중함'이다.

'간단명료함'도 명심해야 한다. 상대방의 업무 중에 전화를 했다면 말하고자 하는 핵심 내용만 전달하고 끊어야 한다. 업무 중에 전화를 해서 아이는 잘 크는지, 휴가는 잘 다녀왔는지 등 업무와 관계없는 질문을 하면 받는 사람이 난감해진다. 친구와 수다를 떨기 위한 목적이 아니라면 3분 내에 통화를 마무리하는 게 좋다.

전화 응대에는 '3·3·3 법칙'이 있다. 3번 이상 벨이 울리기 전에 전화를 받고, 3분 이내에 통화를 끝내고, 3초 후에 수화기를 내려놓으라는 뜻이다. 하염없이 상대방이 끊기를 기다릴 수는 없으니 3초 정도 기다리고, 그래도 상대방이 끊지 않으면 내가 먼저 끊어도 매너에서 크게 벗어나는 일은 아니다.

전화를 걸 때에는 너무 이른 새벽시간이나 너무 늦은 시간은 삼가야 한다. 그런데 요즘은 SNS 메시지를 보낼 때에도 시간을 개의치 않는 것 같다. 물론 무음으로 해놓고 잠자리에 들면 큰 문제는 없지만, 많은 사람들이 중요한 전화를 놓치지 않으려고, 또는 다른 이유 때문에 무음으로 설정하지 않고 잠자

인사 매너

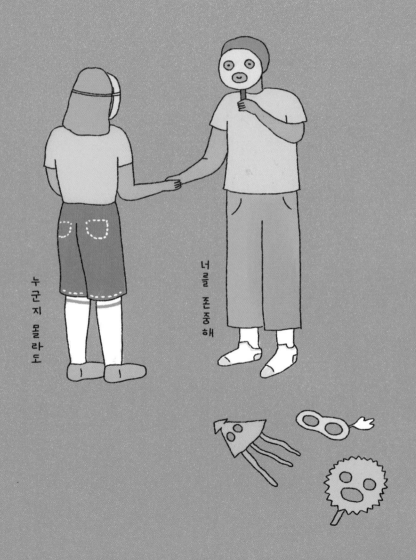

리에 드는 경우가 많다. 곤히 잠든 밤늦은 시간이나 새벽시간
에 중요하지도 않은 메시지 알림 소리로 잠에서 깬다면 그것
만큼 짜증나는 일도 없다. 예를 들어 헤어진 전 남친이 보내는
"자니?" 같은 문자. 헤어진 전 여친의 근황을 묻고 싶다면 낮
시간을 활용하시길!

특별히 중요한 일이 아니라면 오전 9시 이전, 저녁 9시 이후
에는 전화나 문자를 삼가는 것이 매너다. 하지만 밤시간에 갑
자기 상대방에게 꼭 알려주어야 할 일이 생각나는 경우가 있
다. 그런데 까먹을 것 같아 불안하다면 다음 날 오전 출근시간
즈음에 맞추어 예약 문자를 보내자. 누가 만들었는지 참 유용
한 서비스다.

단체문자에도 최소한의 성의를

중고등학교 시절, 연말이 다가오면 그 당시 팬시점이라고
부른, 문구점보다는 조금 더 고급스러운 학용품 매장에 가서
크리스마스카드와 연하장을 10여 장 골라 누구에게 어떤 카
드를 줄까 몇 날 며칠 행복한 고민을 했던 기억이 있다. 받는

사람의 나이와 취향을 고려하여 최대한 겹치지 않도록 각기 다른 카드를 골라 카드의 주인을 정하곤 했는데, 그걸 결정하는 일도 만만치 않았다. 카드의 주인이 정해지면 색깔 펜을 샀다. 나는 특히 보라색 펜과 연두색 펜, 분홍색 굵은 수성펜으로 글씨 쓰는 걸 좋아했다. 카드와 펜을 다 고르고 나면 책상에 앉아 연습장을 꺼내 어떤 내용을 쓸지 몇 번을 쓰고 지우고를 반복하며 좋은 문장을 만들었다. 그 문장을 카드에 옮겨 쓰고 나면 끝에는 꼭 빨간색 펜으로 하트를 그렸다. 그렇게 마음을 담은 카드를 친구에게, 선생님께, 그리고 부모님께 전했다. 지금 생각해보면 그것 또한 젊은 날의 낭만이었으리라.

하지만 이제는 시대가 변한 건지 내가 변한 건지 크리스마스카드나 연하장을 주고받는 일이 거의 없다. 그 자리를 문자 메시지나 SNS 메신저가 대신하고 있다. 예전에는 어떤 그림이 그려진 카드를 고를까 고민했다면, 요즘은 어떤 이모티콘을 쓸까 고민한다. 어떻게 보면 경제적인 부분도 있다. 2,000원가량을 투자하면 다양한 심리 상태를 전달할 수 있는 이모티콘 한 세트를 살 수 있으니 말이다. 그런데도 난 어쩐지 공허함을 느낀다. 내가 꼰대(?)여서일까? 펜으로 꾹꾹 눌러 쓴 카드가 왠지 더 반갑고 기쁘다. 그러나 이제는 그런 카드를 바라는 것

자체가 욕심이 되었다. 어쩌면 시대에 뒤떨어진 옛날 취향일지도 모른다. 그렇다면 현실에 순응하며 살아가야겠지.

시대의 흐름에 적응했다면 그 안에서만이라도 정성을 보이는 건 어떨까. 가령 단체문자를 보내더라도 티 나지 않게 보낼수 있다. 그 정도 매너는 누구라도 지킬 수 있다. 개인적으로 친분이 있는데도 갑자기 너무나 정제된 표현이나 말투로 문자 인사를 보내면 누가 봐도 단체문자를 돌리고 있다는 걸 안다.

"희망찬 새해가 밝았습니다. 새해 복 많이 받으십시오. 늘 건강하시고 행복이 가득한 한 해 되시길 기원합니다."

이런 상투적인 인사말이 담긴 단체문자를 친분 있는 사람에게 받은 적이 있을 것이다. 어떻게 생각하면 이런 문자라도 보내준 게 고마울 수도 있지만, 한편으로 성의 없어 보이는 건 어쩔 수 없다. 같은 내용을 보내더라도 받는 사람의 이름이나 직함을 써서 보내는 작은 정성만 보여도 상대의 기분을 단번에 바꿀 수 있다.

"○○○ 과장님, 드디어 희망찬 새해가 밝았습니다. 새해 복 많이 받으십시오! 늘 건강하시고, 과장님 가족 모두 행복 가득한 한 해 되시길 기원하겠습니다."

조금 더 정성을 보이고 싶다면 서로가 공유할 만한 이야기가 들어 있는 내용을 쓰는 것도 좋다.

"○○○ 과장님, 드디어 희망찬 새해가 밝았습니다. 새해 복 많이 받으십시오! 지난 한 해 과장님께서 돌봐주신 덕분에 힘든 회사생활도 잘 견뎌낼 수 있었습니다. 감사드립니다! 늘 건강하시고, 과장님 가족 모두 행복 가득한 한 해 되시길 기원하겠습니다."

"○○○ 부장님, 드디어 희망찬 새해가 밝았습니다. 새해 복 많이 받으십시오! 최근에 감기 때문에 고생하시는 것 같던데, 늘 건강 유의하시고 가족 모두 행복 가득한 한 해 되시길 기원하겠습니다."

이렇게 아주 조금만이라도 내용을 추가하거나 변경해서 메시지를 보내면 받는 사람의 기분도 좋아지고, 당신에 대한 호감도도 달라질 것이다. 기본적인 문장에 상대방의 이름을 추가하고 내용만 살짝 변경하는 것이 그렇게 크게 수고스러운 일은 아니다. 1년에 수십 번 보내는 것도 아니고, 일 년에 두세 차례일 뿐이다. 인간관계를 맺고 사회생활을 하는 데 적은 시간으로 호감을 살 수 있는 좋은 방법이다.

매뉴얼보다 중요한 건 마음

승무원 시절 내가 존경하는 선배가 있었다. 서비스가 무엇인지도 모르는 내게 진정한 서비스가 무엇인지 일깨워준 선배였는데, 그 선배의 남다른 점은 의외로 매뉴얼을 중요하게 생각하지 않았다는 것이다.

"매뉴얼이란 서비스의 큰 중심이 될 뿐이야. 매뉴얼에 너무 얽매이지 않았으면 좋겠어. 우린 자동차 부품을 조립하는 사람이 아니라 사람을 상대하는 사람이잖아. 그러니 상대방의 취향을 살피고, 그들이 원하는 것을 제대로 해주는 게 진정한 서비스야."

선배 말이 옳았다. 책에 나오는 기내 대화문을 곧이곧대로 외워서 그 문구대로만 대화하고, 승객들의 취향이나 그날의 기내 상황은 무시한 채 매뉴얼대로만 서비스를 해야 한다면 우리는 사람이 아니라 로봇이 되어버린다.

그 선배의 서비스 특징은 첫 번째, 승객의 호칭을 외우는 것이었다. 비즈니스클래스나 퍼스트클래스는 승객이 탑승하기 전에 승객 명단이 담당 승무원에게 전달된다. 그 당시 비즈니스클래스의 경우, 한 명의 승무원이 서비스해야 하는 승객수는 30명 정도였는데, 그 선배는 30명의 좌석번호와 이름, 호칭을 다 외워버렸다. 그래서 승객이 탑승할 때 탑승권을 제시하면 좌석번호만 보고도 "이사님, 안녕하세요. 어서 오십시오." "회장님, 안녕하십니까. 이쪽으로 모시겠습니다." "최 교수님, 안녕하십니까. 편안하게 모시겠습니다"라고 인사말을 건넸다. 당연히 승객들은 깜짝 놀랐다. "아니, 나를 어떻게 알아요?"라고 반문하곤 했는데, 그럴 때면 선배는 "귀한 손님이 오시는데 당연히 제가 미리 알고 있어야죠"라고 대답했다. 그 어떤 승객도 "나에 대해 어떻게 미리 알고 있는 거죠? 제 스토커인가요?"라고 따지거나 기분 나빠하지 않았다.

나 또한 그 선배를 따라 승객들이 비행기에 탑승하기 전 좌석을 정리하고 서비스를 준비하면서 승객 이름과 좌석번호, 직함을 외우곤 했다. 그리고 탑승하는 승객의 직함을 호칭하며 반갑게 인사를 건넸다. 그렇게 시작하면 그날의 서비스는 술술 잘 풀렸다. 탑승 인사 하나로 서비스의 첫 단추를 잘 채웠기 때문이다.

2장

관심 매너

나는 네가 무엇을
좋아하는지 알고 있다

매너는 유혹이 아니다

　불과 몇 십 년 전만 해도 배고픈 시대였는데 지금은 마음이 고픈 시대라고 한다. 왠지 가슴 한 편이 찡해지는 말이다. 마음이 고프다면 그 고픈 마음을 어떻게 채워야 할까? 나는 해답을 관심의 표현에서 찾고 싶다.

　많은 사람들이 타인에게 관심받고 싶어 한다. 그래서 SNS를 하고, 영상을 찍어 사람들과 공유한다. 심지어 엄마 배 속의 태아도 엄마가 배를 부드럽게 마사지해주면 관심을 받는다고 느껴 행복해한다고 한다. 관심받고 싶어 하는 마음은 인간의 본성이라고 할 수 있으니, 상대방에게 매력적으로 관심을 표현하는 것도 매너인이 되기 위한 하나의 방법이다.

몇 개월, 또는 몇 년을 같은 사무실에서 근무했는데도 팀원의 커피 취향을 모르는 건 상대에게 관심이 없다는 뜻이다. 이게 뭐 그리 큰 문제인가 할 수도 있지만, 어떤 상황에서는 서운할 수도 있다. 매일 함께 식사하고 커피까지 마시는 동료인데 주문할 때마다 취향을 묻는다면 말이다. 나는 캐러멜 마키아토에 휘핑크림을 올리지 않는데도 매번 "캐러멜 마키아토에 휘핑크림 올려요, 말아요?"라고 묻는다면 어떨까. 카푸치노를 주문할 때마다 계피가루를 뿌린다는 걸 수차례 봤는데도 "카푸치노에 계피가루 뿌려달라고 할까요, 말까요?"라고 묻는다면 어느 순간 '관심이 없어도 너무 없네'라는 생각이 들 수도 있다. 이 정도의 작은 관심은 매너 있고 매력적인 동료가 되는 지름길이다. 식사 자리에서 상대방이 어떤 반찬을 좋아하고, 어떤 반찬이 떨어져가는지, 무엇이 더 필요한지 관심을 기울이는 것도 매너라고 할 수 있다.

나의 친오빠는 지금은 결혼해서 중학생 아들이 있지만 미혼이었을 때는 연애 경력이 전무한, 수줍음 많고 남녀 관계에 굉장히 소극적인 사람이었다. 그래서 하나밖에 없는 여동생인 나에게 늘 연애 상담을 하곤 했는데, 새언니와 연애하던 시절 고민이 있다며 나에게 상담을 청해온 적이 있다.

　　　　　　　　　　　　　　　　　　　　관심 매너

"내 여자 친구가 말이야. 나 보고 선수 아니냐고 물어보는 거 있지?"

도대체 이해할 수가 없었다. 내가 알기로도 오빠는 연애 경험이 전혀 없는 쑥맥이어서 가족들에게 놀림을 받을 정도였는데, 연애 선수라니!

"그게 도대체 무슨 소리야? 오빠가 뭘 어떻게 했길래 선수라는 소리를 들어?"

"나는 그냥 너한테 평소에 하던 대로 했어. 근데 그게 선수라고 의심받을 줄은 상상도 못했다."

오빠는 원래부터 심성이 착하고 배려심이 넘치는 사람이었다. 반면 나는 그런 착한 오빠를 부려먹으며 이것저것 해달라고 조르기만 하는 영락없이 철없는 막냇동생이었다. 어렸을 때부터 어머니가 자주 편찮으신 탓에 오빠는 내 도시락도 싸주고 밥도 해주고 간식도 챙겨주곤 했다. "오빠, 나 떡볶이 해줘!" "오빠, 나 물!" "오빠, 라면 끓여줘!" 내가 이렇게 뭔가를 요청하면 늘 군말 없이 적극적으로 도와주었다. 물어보진 않았지만 오빠도 별 불만 없이 내 요구를 흔쾌히 들어주었다. 그렇게 지내다 보니 오빠는 가만히 있다가도 "떡볶이 해줄까?" "뭐 먹고 싶은 거 없어?" 먼저 물어보고, 식사시간에 내 물잔이 비어 있으면 물을 따라 채워주곤 했다. 못된 동생인 나는 그런 오빠의 행동에 감사할 줄도 모르고 당연하게 받기만 했다. 그런데 오빠의 여자 친구가 이러한 오빠의 행동을 의심쩍게 보았던 것이다.

"여자 친구랑 밥을 먹는데 반찬이 떨어졌길래 내가 먼저 가져다주고, 물잔이 비었길래 채워줬거든. 그거 사실 별거 아니잖아. 근데 여자 친구는 그런 행동이 선수 같다는 거야. 정말 환장하겠더라. 내가 연애 경험이 한 번이라도 있었으면 억울하지라도 않지! 휴…."

오빠의 지나치게(?) 다정한 매너가 여자 친구에게 의심을 산 것이다. 하지만 어디서나 진심은 통하는 법. 오빠의 평소 품행이 그렇다는 걸 알게 된 언니는 결혼을 결심했고, 두 사람은 지금도 행복하게 잘 살고 있다.

작은 관심이 큰 감동이 되어

친한 친구가 결혼할 사람이 생겼으니 나에게 인사시키겠다며 식사 자리를 만들었다. 나이 차이가 제법 나는 그 커플은 연애 기간도 매우 짧아, 친한 친구인데도 남자 친구를 소개받을 기회가 없었다. 서로에게 왜 끌렸는지, 결혼 결심은 어떤 계기로 이루어졌는지 너무 궁금했지만 묻지 못한 채였다. 아직 미혼인 나는 사실 그런 것이 가장 궁금했다. 도대체 어떤 타이밍에 '앗, 이 사람이다!'라는 감정이 생기는 건지. 하지만 아무리 친한 친구의 애인이라도 처음 본 사람에게 극히 개인적인 질문을 하는 게 예의가 아닐 수도 있어서 고민만 하다가 그 질문은 못한 채 식사 자리가 마무리되고 후식이 나왔다. 그때 친구가 "오빠, 이거 줄까?" 하면서 핸드백에서 무언가를 꺼내 냅킨과 함께 남자 친구에게 건넸다. 남자 친구는 기분 좋게 웃으며 냅킨에 쌓인 그 무언가를 받아 들고는 나를 보며 행복한 표정을 지으며 말했다.

"모란 씨, 내가 왜 이 친구에게 반했는지 아세요?"

"글쎄요. 예뻐서요?"

"예쁜 건 맞지만, 꼭 그것 때문만은 아니에요."

"그럼 뭐 땜에 반하신 건데요?"

"세심함 때문이었어요. 사실은 제가 식사 후에는 꼭 이쑤시개를 사용하거든요. 사실 그게 여자 앞에서 매너가 아닐 수 있는데, 워낙 어렸을 때부터 버릇이 돼서 고쳐지지 않더라고요.

그래서 식사를 마치면 꼭 식당 점원에게 이쑤시개 있냐고 물어보거나 아예 제가 직접 이쑤시개를 가져와서라도 사용해요. 그래야 밥을 제대로 먹은 것 같아서요. 그런데 이 친구가 날세 번째 만나는 날부터 가방 안에 이쑤시개를 가지고 다니면서 식사 후에 이렇게 하나씩 건네주더라고요. 사십 평생 살면서 이렇게 나한테 세심하게 신경 써주는 여자는 처음 봤어요. 완전 감동 그 자체였죠. 그래서 결혼까지 결심했어요."

그 이후로 나도 결심했다. 마음에 드는 남성이 생기면 핸드백에 이쑤시개를 넣어 가지고 다니겠다고!

선물 하나에도 관심을 담아서

내가 어렸을 적 대기업에 다니셨던 아버지는 해외 출장을 가실 때면 항상 현지에서 엽서를 써서 집으로 보내주셨다. 지금도 생각나는 건 영국의 웨스트민스터 사원과 런던아이의 사진이 담긴 엽서다.

"아빠는 출장 때문에 영국에 왔어. 아빠가 돌아갈 때까지 엄마 말씀 잘 듣고 오빠랑 사이좋게 잘 지내."

지금 생각해보면 해외여행이 자유롭지 않던 시절, 아버지는 세계 여러 곳의 모습을 담은 엽서를 보내 나의 시야를 넓혀주고 싶으셨던 게 아니었을까 싶다. 나는 해외 곳곳의 명소가 담긴 엽서를 보며 '이곳은 어떤 곳일까? 나도 다음에 꼭 가봐야지!' 다짐하곤 했다. 20여 년이 지나 내가 항공사 승무원이 되고 실제로 영국, 뉴욕 등 아버지가 보냈던 엽서 속의 장소에 직접 가볼 때면 '그때 우리 아버지도 여기쯤에서 사진을 찍으셨겠지.' 하며 아버지에 대한 기억을 떠올리곤 했다. 어쩌면 어린 시절 받았던 그 엽서들이 항공사 승무원이라는 길을 열어준 매개체가 되었는지도 모른다.

아버지는 출장에서 돌아올 때마다 선물을 한 아름 사오셨다. 솔직히 아버지가 반갑기보다는 아버지의 짐 가방이 더 많이 기다려졌다. 내가 제일 좋아했던 선물은 미제 연필이었다. 주황색을 띤 노란색 연필 끝에는 지우개가 달려 있었다. 연필을 곱게 깎아서 필통에 넣어 학교에 가는 날이면 어깨가 하늘까지 치솟고 등교하는 걸음걸이에 힘이 넘쳤다. 친구들 앞에서 필통을 여는 순간, 친구들은 탄성을 질렀다.

"우와, 미제 연필이다!"

어린 마음에 그 순간이 그렇게 짜릿할 수 없었다. 그래서인지 승무원 시절 승객들이 기내에서 가족들 선물을 산다고 하면 내가 더 신중하게 물건을 골라드렸다.

"우리 애 선물로 뭐가 좋을까요?"

"출장 다녀오시는 길인가 봐요. 아버지 선물을 엄청 기다리고 있겠네요. 어디 한번 볼까요, 뭐가 좋을지?"

24색 색연필부터 인형, 어린이용 시계, 학용품 세트 등 다양한 선물을 고른 30~40대 남성 승객들은 "우리 애가 좋아하겠죠?" 하며 얼굴에 미소를 띠었다. 그분들의 표정을 볼 때면 '우리 아버지도 예전에 저런 모습이셨겠지.' 하는 생각에 마음 한 구석이 찡해지기도 했다.

이렇게 손님들이 선물용으로 기내 면세품을 고르느라 고민할 때면, 승무원인 나는 받는 사람의 연령대와 취향 등 몇 가지를 묻고 선물을 추천해드렸다. 그러면 대부분의 승객분들이 만족해하며 기꺼이 선물을 구매하셨다. 하지만 가끔 나를 당황하게 만드는 승객분들이 계셨다.

"우리 와이프 선물 좀 고르려고 하는데 뭐가 좋을지 모르겠네. 화장품은 지난번에 사다 줬더니 자기가 쓰는 브랜드가 아니라나 뭐라나. 화장품 말고 뭐 없어요?"

"아, 그러시면 액세서리 종류는 어떠세요? 평소 사모님께서 목걸이나 귀걸이를 즐겨 하시나요?"

"응, 하는 거 같던데?"

"그럼 요즘 기획 상품으로 특가 할인하고 있는 진주 귀걸이
세트는 어떠세요?"

"음, 이거 괜찮네요. 이거 주세요."

"귀를 뚫은 걸로 드릴까요, 뚫지 않은 걸로 드릴까요?"

"그게 무슨 소리예요?"

"사모님이 귀를 뚫으셨어요?"

"잘 모르겠는데요."

잘 모른다니! 너무나 깜짝 놀랐다. 결혼생활을 족히 20년은
더 하신 듯한 연배인데 어떻게 아내가 귀를 뚫었는지 안 뚫었
는지 모를 수 있을까? 나로서는 잘 이해되지 않았다. 그 정도
로 서로에게 관심이 없는 걸까?

"그냥 아무거나 주세요. 괜찮을 거예요."

귀를 뚫은 분에게 안 뚫은 귀걸이를 선물하면, 당신은 나랑
20년을 넘게 살면서 내가 귀를 뚫었는지도 모르냐며 타박을
들을 테고, 귀를 안 뚫은 분에게 뚫은 귀걸이를 선물하면, 내
가 이걸 어떻게 하냐고 구박받을 것 같았다. 이래도 혼나고 저
래도 혼날 상황.

"손님, 그러면 귀걸이 말고 목걸이를 선물하시는 건 어떨까요? 이건 누구나 다 할 수 있는 거니까요."

"그럼 그렇게 하죠."

승객과 나눈 대화는 간단했지만, 나에게는 다소 충격적이었다. 무슨 선물을 하느냐가 중요한 게 아니다. 주는 사람의 마음이 중요하다. 상대방을 생각하며 물건을 고르고 상대방이 받았을 때 즐거워할 표정을 생각하면 나까지 덩달아 기분이 좋아지는 느낌. 그 소박한 기쁨이 선물을 주는 행복이다. 그 사람의 취향을 생각하며 이걸로 할까 저걸로 할까 고민하는 시간조차 행복한 고민의 순간인데, 가장 소중한 사람에게 주는 선물을 이렇게 대충 고르다니, 받는 사람이 알게 된다면 아무리 비싸고 필요한 선물일지라도 그리 기쁘지 않을 것이다. 이왕이면 마음과 정성을 담아 상대방이 좋아할 선물을 주면 더 행복하지 않을까?

평소에 상대방에게 관심을 갖고 상대방의 취향을 기억해두었다가 어울리는 선물을 주는 것은 좋은 매너이자 인간관계를 더 깊고 단단하게 만드는 길이다.

센스 있는 멘트 하나가 주는 감동

몇 해 전, 지인들과 골프장을 방문한 적이 있다. 나는 어렸을 적부터 운동신경이 젬병이라 체육시간이 제일 싫었고 운동회 날이 1년 중 가장 두려웠다. 그래서 취미로 운동을 한다기보다는 주말에 사람들과 어울리고 좋은 시간을 보내는 것에 초점을 두고 골프를 시작했다. 그래서 그런지 스코어도 늘 그저 그렇고, 공을 잃어버리는 횟수도 많다. 물론 공이 안 쳐지고 새로 산 공을 몇 개씩 잃어버리고 나면 기분이 좋지는 않지만, 답답한 사무실에서 벗어나 잔디를 걸으면 이내 기분이 좋아지기도 한다.

그런데 그날은 유난히 공이 안 쳐지는 날이었다. 골프 초보자처럼 공이 동서남북으로 마구 날아다니고 산속으로 날려버려 부지기수로 잃어버렸다. 아무리 최강 긍정 마인드로 세상을 살아간다고 자신하고 있지만, 그날은 정말 '좌절감'이 들었다. 열심히 레슨 받은 골프 자세도 흐트러진 것 같아 자신이 없어지고, 스코어도 너무 엉망이니 지인들 보기도 민망스러웠다. 살짝 풀이 죽어 경기를 마치고 샤워를 한 뒤 라커로 돌아왔는데, 쪽지 하나가 붙어 있었다.

매너도 짱, 몸매도 짱인 고객님 덕분에 오늘 저 또한 즐거운 라운딩이었습니다. 초반에 공 많이 잃어버려서 속상하셨죠? 제가 많이 못 찾아드려 죄송했어요. 다음번에는 제가 더 잘 찾아드릴게요. ^^ 그리고 고객님, 지금도 폼 너무 예쁘시니 걱정 마세요~. 다음에 꼭 다시 뵙기 바랍니다. 조심해서 올라가세요.

-○○○ 캐디 드림

캐디분의 짧은 쪽지로 기분이 너무 좋아졌다. 풀 죽어 경기를 마치고 돌아가는 내 뒷모습이 정말 안타까워서 그랬는지, 아니면 그분이 고객을 관리하는 방법인지는 모르겠지만, 그날의 경기 결과와는 상관없이 그분의 마음 씀씀이가 진심으로 느껴져 감동으로 다가왔다.

그 후로도 꾸준히 그 골프장을 찾고 있다. 공이 잘 쳐지는 골프장이어서가 아니라 고객에게 관심을 갖고 그 마음을 표현해주는 캐디분이 있는 골프장이기 때문이다.

순간마다 칭찬하되 똑같은 칭찬은 피하라

고래도 춤추게 만든다는 칭찬. 우리는 얼마나 많은 사람들을 춤추게 하고 있을까? 칭찬은 상대방의 존재 가치를 인정하는 것이며, 긍정의 기운을 북돋아주고, 의욕을 불러일으킨다. 그래서 칭찬을 받으면 기분이 좋아지고 절로 춤도 춰진다.

만약 "어머, 넥타이 정말 멋져요. 컬러 센스감이 넘치시네요!"라고 과장님을 칭찬했다고 해보자. 과장님은 하루 종일 기분이 좋을 것이다. 거울을 볼 때마다 넥타이를 보면서 '이 넥타이가 그렇게 괜찮은가?' 하며 미소를 지을 것이다. 앞으로 그 넥타이를 맬 때마다 자신감이 생기는 건 물론이고, 본인의 패션 센스를 알아봐준 당신에게 호의적인 감정도 생길 것이다. 칭찬과 인정은 자신감을 갖게 하고, 동기부여를 해주며, 더 나아가 사람의 운명마저 바꾼다. 누군가에게 인정받는 것만큼 가슴 뿌듯한 일은 없기 때문이다.

특히 외모에 대한 칭찬은 되도록 구체적으로 하는 게 좋다. "오늘 근사하네." "오늘 멋지네." "오늘 좋아 보여"라는 칭찬보다 "오늘 하얀색 재킷이 참 잘 어울리네요." "주황색 스카프 정말 멋져요." "와, 오늘 구두가 바지 색상이랑 너무 잘 어울리는

관심 매너

데요!" 이런 식의 칭찬이 좋다.

　사회생활을 하는 직장인들 대부분은 남녀 구분 없이 출근 복장에 신경을 많이 쓴다. 특히 많은 여성들이 '오늘 뭐 입지?'를 고민한다. 이렇게 오랜 고민 끝에 선택한 옷이나 신발 등 외적인 부분에 대해 칭찬받으면, 본인의 선택이 잘못되지 않았음에 안도감이 든다.

　내적 성향에 대한 칭찬도 아낌없이 하는 게 좋다. "넌 너무 착해." "넌 생각이 참 바른 친구야." "넌 참 지혜로운 아이야." "너는 언제나 현명하게 판단해." 이처럼 그 사람이 가진 내적인 가치를 칭찬하는 것이다.

　성인이 되고 나면 우리는 점점 더 칭찬에 인색해진다. 어렸을 적에는 착한 일을 하면 어머니에게든 선생님에게든 "아이고, 우리 모란이 잘했네!" "역시 우리 딸 착하네!" "우리 모란이 없으면 엄마가 어떻게 살았을까?" 이렇게 칭찬을 받곤 했다. 이런 말을 들으면 나의 존재 이유를 찾은 듯 뿌듯하고, 가치 있는 사람이 된 것 같기도 했다. 외모에 대한 칭찬도 기분 좋았지만, 인성이나 내면에 대한 칭찬을 받을 때는 그 행복감이 배가 되었다. 그런데 성인이 되고 나서는 이런 칭찬을 받아본 적이 거의 없다. 내가 변한 걸까? 아니면 내가 덜 현명해진

걸까? 사람은 늘 칭찬받고 싶고 확인받고 싶어 한다. 마치 애
인에게 사랑을 확인받고 싶어 하듯이 말이다.

"나 사랑해? 얼만큼 사랑해? 왜 요즘은 나한테 사랑한다는
말 안 해? 이젠 사랑하지 않는 거야?"

연인에게 이렇게 물으면 아마 이런 답이 돌아올 것이다.

"사랑해. 사랑하지."

"근데 왜 사랑한다고 말 안 해?"

"그걸 매일 말해야 해?"

"응. 매일 말해줘!"

칭찬도 마찬가지다. 칭찬할 일이 있으면 그게 매일이라도
그때마다 표현해주자. 칭찬이 뭐 그리 힘든 일이라고 아끼고
숨기겠는가. 착한 일을 했으면 착하다고, 고마운 일이 있으면
고맙다고, 수고했으면 수고했다고 표현해주면, 그 말 한마디
에 기운을 얻고 없던 용기와 힘까지 생긴다.

남한테 들은 다른 사람에 대한 칭찬은 꼭 그 사람에게 전달
하는 게 좋다. 내가 너에게, 즉 1인칭이 2인칭에게 하는 칭찬
은 주관적인 나의 생각을 상대방에게 전달하면서 기쁨을 주지
만, 3인칭에게 듣는 칭찬은 객관적인 사실로 돌아오는 평가이
므로 받아들이는 입장에서는 훨씬 더 가치 있게 들린다. 예를

들어 "김 상무님이 그러시는데 대리님께서 이번 프레젠테이션을 그렇게 기가 막히게 잘하셨다면서요? 와, 정말 멋지세요!"라고 상무님의 평가를 전달하면 이 얘기를 듣는 대리는 아마 앞으로 신이 나서 회사생활을 할 테고, 성실한 팀원이 될 것이다. '앗! 상무님이 날 그렇게 생각하셨단 말이야? 그렇게 만족해하시는 줄 몰랐는데. 앞으로 더 잘하는 모습 보여드려야지!' 이런 마음이 들 수밖에 없다. "예림아, 선생님이 그러시는데 우리 예림이가 요즘 수업시간에 집중도 잘하고 학습능력이 많이 향상되었다고 칭찬하시더라. 우리 딸 너무 기특해!"라고 선생님에게 들은 칭찬을 자녀에게 전달한다고 해도 마찬가지다. '선생님께서 날 칭찬하셨다고? 와, 신난다! 내가 칭찬받으니 엄마도 좋아하시네?' 이런 생각에 앞으로 더 열심히 학교생활에 임할 것이다.

제3자에 대한 칭찬 거리가 있다면 그 또한 그가 전달받아 들을 수 있도록 누군가에게 말해두는 것이 좋다. 언젠가 그 말이 돌고 돌아 당사자가 듣는다면, 본인을 그렇게 칭찬해준 당신에게 감사의 마음을 가질 것이다.

결과에 대한 칭찬뿐만 아니라 과정에 대한 칭찬도 잊지 말자. 안 좋은 결과로 의기소침해 있을 상대에게 격려의 말과 함께 그 과정이 훌륭했다고 전하는 것이다.

"이 대리, 오늘 우리가 비록 그 프로젝트를 따오진 못했지만 이 대리 그동안 정말 고생 많았어. 괜히 이번 일로 의기소침해 하지 말고, 우리 다음 기회를 노려보자고!"

직원의 충성심이 활활 불타오르는 소리가 들리지 않는가. 그리고 다음번엔 꼭 좋은 결과를 내려고 노력할 것이다. 리더십 있는 상관이란 직원들이 일을 잘할 수 있도록 만드는 사람, 즉 즐거운 채찍질을 제때에 할 수 있는 사람이다. 상대방을 인정하고 칭찬하면 효력이 무척 크다는 점을 명심해야 한다.

하지만 여러 사람에게 같은 칭찬을 하는 건 피하자. 칭찬은 대개 즐겁지만 너무 남발하면 부작용을 낳는다. 만나는 사람 모두에게 "어머, 날씬해졌네!"를 외치는 사람이 있다고 해보자. 처음에는 나에게만 하는 칭찬인 줄 알고 좋았는데, 잠시 후 다른 사람에게도 똑같은 칭찬을 하고, 지나가는 사람에게도 같은 칭찬을 한다면 그 칭찬은 진심처럼 들리지 않는다. 아무리 기분 좋은 칭찬이라도 진심에서 우러나와야 칭찬하는 사람도, 칭찬받는 사람도 기분이 좋다.

관심 매너

이왕 하는 말이면 칭찬을 하라

지인들과의 모임에서 있었던 일이다. 한 친구가 몇 년 동안 고대하던 승진이 되어 한턱 낸다며 지인들을 모아 자리를 마련했다. 축하하는 자리이니 서로서로 덕담이 오고 갔는데, 한 친구가 음식을 타박하기 시작했다. 고기가 질기다는 둥 서비스가 안 좋다는 둥 끊임없이 투덜거렸다. 좋은 자리인 데다 다른 사람들은 모두 아무 말 없이 잘 먹고 있는데 그 친구의 불평 때문에 축하하는 분위기마저 차갑게 식는 느낌이었다. 기분 좋게 식사하는 자리에 초대된 손님이라면 아무리 맛없고 서비스가 엉망이라도 주인공 앞에서는 자제하는 게 좋다. 핀잔보다 "승진한 사람이 사주는 고기라 그런지 더 맛있는데?"라고 말했다면 참석한 사람 모두 기분 좋게 식사를 마무리했을 것이다.

또 한 번은 친구가 책을 냈다며 지인들과 자리를 마련했다. 친구가 기분 좋게 책을 한 권씩 나눠주고 있는데, 책을 받아든 한 친구가 이렇게 말했다.

"제목이 너무 길지 않아? 제목이 임팩트 있게 짧아야 사람들 머릿속에 각인되고 많이 팔리는 거 아닌가? 책 제목 누가 지은 거야?"

눈치 없는 친구의 말에 다들 깜짝 놀라 "뭘, 난 제목 너무 맘에 드는데?"라며 분위기를 바꿔보려 했지만, 책을 나누어주던 친구의 얼굴은 이미 굳어버린 상태였다. 그 일로 두 친구의 관계는 완전히 틀어졌고, 제목을 탓하던 친구는 지금도 왜 친구의 기분이 상했는지 이해하지 못한다. "와, 제목 좋다! 제목만 딱 봐도 대박의 기운이 보이는데? 미리 축하해"라고 말했다면 두 사람의 관계는 어떻게 되었을까?

여자 친구들끼리 만나는 자리에서도 이런 어긋남은 흔하다.

"어머, 너 가방 샀구나? 어디서 샀어?"

"너 옷 새로 산 거야? 너무 괜찮다!"

여자 친구끼리는 매우 흔히 하고 듣는 말이다. 이 세상에 가방, 신발, 옷을 대충 사는 사람은 거의 없다. 색상이나 촉감, 재질, 가격대 등을 모두 고려하여 심사숙고해서 구매한다. 그렇게 해서 선택한 결과물이 바로 오늘 입고 온 옷, 메고 온 가방, 신고 온 신발이다. 물론 사람의 취향은 모두 다르니, 내 눈에는 그렇게 예뻐 보이지 않을 수도 있다. 하지만 친구의 눈이 삐뚤어졌거나 수준이 떨어져서 그런 옷이나 가방을 산 게 아니다. 단지 취향의 차이일 뿐이다. 그럼에도 불구하고 꼭 이렇

관심 매너

게 말하는 사람들이 있다.

"요즘에 누가 이런 가방을 드냐? 이런 건 예전 스타일이지."

"색깔이 너무 칙칙한 거 아니야? 넌 얼굴도 칙칙한데 옷까지 칙칙하니 흑백 영화 보는 거 같다, 얘!"

'에이, 설마 이렇게 말하는 사람이 있을까?'라고 생각하는 사람도 있을 것이다. 하지만 수없이 많은 사람들이 자신도 모르게 저렇게 말한다. 이런 말투는 지위나 학력과 상관없이 말하는 방법이 서툴거나 본인의 말이 상대방에게 얼마나 상처가 되는지 모르기 때문에 튀어나온다. "무심코 던진 돌멩이에 개구리는 맞아 죽는다"라는 말이 있다. 말은 사람의 인격을 나타내는 도구다. 상대방을 깎아내리는 말이 부메랑이 되어 본인의 인격을 깎아 먹는다는 것을 왜 모를까? 이왕 하는 말이면 칭찬을 하자.

"어머, 너 가방 샀구나? 너무 예쁘다. 너랑 너무 잘 어울려!"

"어머, 그 옷 산 거야? 색깔 너무 예쁘다. 잘 샀네."

설령 내가 보기에 별로 예쁘지 않더라고 이런 칭찬은 거짓이 아니라, 그저 상대의 취향을 존중한다는 의미다. 굳이 상대의 취향을 깎아내려 상처를 줄 이유가 없지 않은가.

아침에 듣는 칭찬의 파급력

나는 옷을 맵시 있게 잘 갖춰 입는 걸 좋아한다. 굳이 명품 브랜드가 아니라도 인터넷 쇼핑몰이나 지하상가에서 싸게 구입한 옷들도 잘 어울리게 매칭하여 입으면 보는 사람들마다 어떤 브랜드냐고 묻곤 한다. 가끔 출근하기 싫으면 내일 어떤 옷을 입을지 상상하고, 구두와 가방을 어떻게 매칭할지 정하고 나면 왠지 출근이 하고 싶어지기도 한다.

하지만 아무리 그렇더라도 아침 알람소리에 눈을 뜨고 그날 해야 할 일들을 머릿속으로 생각하면서 출근 준비를 하면 또다시 머리가 복잡해지고 무거워진다. 오늘 출근해서 해야 할 일들, 상사에게 해야 할 어려운 보고를 생각하면 부담감으로 출근길이 마냥 즐겁지 않기도 하다. 그래도 어쩔 수 없이 나는 어제 준비해둔 옷을 입고 신발장에서 신발을 꺼내 신고 어머니에게 큰 소리로 외친다.

"엄마~ 저 나가요. 다녀올게요!"

그럼 어머니는 날 배웅하기 위해 현관문 쪽으로 나오신다. 내가 엘리베이터 버튼을 누르고 뒤를 돌아보면 어머니는 항상 현관문 밖으로 고개를 빼꼼 내밀고 계신다. 그리고 이렇게 말

쓺해주신다.

"우리 딸 오늘도 예쁘네!"

이 세상 그 어떤 칭찬도 이 말에 견줄 수 없다.

"나 오늘 괜찮아? 예뻐?"

"응, 최고로 예뻐! 잘 다녀와!"

출근길에 듣는 어머니의 칭찬과 격려 한마디는 나를 이 세상 최고의 여자로 만들어주는 마법과도 같은 말이다. 나는 어제도 오늘도 출근길에 이 말을 들었다. 그리고 내일도 아마 듣게 될 것이다. 매일매일 듣는 말이지만 절대 질리지 않는다. 그리고 그 한마디에 힘이 난다. 그리고 즐겁게 하루를 시작한다. 아침 출근길에 듣는 칭찬 한마디가 나를 춤추게 한다. 내일 아침 출근길, 칭찬 한마디로 가족들에게 기분 좋은 아침을 열어주면 어떨까?

누구나 칭찬과 인정을 갈구한다

2013년에 『매력: 마음을 훔치는 기술』을 출간하고 나서 정말 많은 독자들에게 이메일과 편지를 받았다. 많은 분들이 애정으로 책을 읽어주시고 칭찬해주셔서 글을 쓰는 내내 겪었던 고단함이 모두 녹을 정도였다.

그런데 그 많은 독자들의 편지 중에서 내 눈에 가장 띈 편지가 한 통 있었다. 교도소 수감자가 보내온 편지였다. 그 낯선 봉투를 처음 받아들었을 때는 조금 겁이 나기도 했다. 왜냐하면 봉투에 적힌 이름만 보고서는 팬레터인지 아닌지 알 수 없기 때문이다. 떨리는 손으로 봉투를 열어 곱게 접힌 몇 장의 편지지를 꺼내 읽기 시작했다. 내 책에 소개된 내용 중 너무 가슴에 와닿은 글이 있어 용기 내어 편지를 쓴다는 글로 시작되었다. 그 책에는 내 제자와 관련된 에피소드가 하나 있었는데 짧게나마 소개해볼까 한다.

입학식이 끝난 후 우리 과 남학생들 중에서 유독 눈에 띄는 학생이 있었다. 항공서비스과라는 특성상 대부분의 학생들은 항상 밝은 표정과 바른 자세를 유지하며 수업시간에도 항상 초롱초롱한 눈망울로 교수님들의 눈을 마주본다. 그런데 이 녀석은 수업시간 내내 무표정한 얼굴에, 늘 맨 뒷줄을 고수했다. 무슨 말을 해도 호응도 없고, '나는 이 수업에 아무 관심 없음'이라는 표정을 짓고 있었다. '학기 초라서 아직 적응이 안되어 그런가 보다'라고 생각한 나는, 오리엔테이션을 다녀온

　　　　　　　　　　　　　　관심 매너

이후에도 계속 이런 식의 태도를 보이면 아주 혼쭐을 내주겠다고 생각했다.

오리엔테이션은 신입생들 모두 참여하는 학과의 큰 행사이니 학생회에서도 신경을 써서 학생들이 최대한 많이 호응할 수 있는 다양한 프로그램을 기획한다. 특히 전체 행사를 진행할 사회자를 뽑는 일이 무엇보다 중요하다. 사회자가 어떻게 진행하느냐에 따라 행사의 성패가 갈릴 정도로, 서먹한 신입생들의 분위기를 누가 어떻게 풀어주느냐가 오리엔테이션의 핵심이다. 이벤트 회사에서 전문 사회자를 고용하는 것보다 학생들이 주축이 되어 행사를 진행하는 것이 바람직하다는 선배 교수님의 조언에 따라 나는 학생들에게 자체적으로 프로그램을 기획하고 사회자를 뽑으라고 지시했다.

그런데 이게 웬일인가. 바로 그 학생, 수업에 아무런 관심이 없던 녀석이 사회자로 선출된 것이다. '하필이면 왜 얘야?' 하는 마음이 들었지만, 학생들이 뽑았으니 내가 왈가왈부할 수 없는 문제였다.

드디어 오리엔테이션 당일, 나는 유재석을 보았다! 어쩜 그리 매끄럽게 진행을 잘하던지 일류 사회자가 부럽지 않았다. 그 학생의 재치로 서로 어색하기만 했던 신입생들은 행사가 끝날 무렵에는 서로 어깨를 얼싸안으며 20년지기 죽마고우가 되어 있었다. 나도 그 녀석의 넉살 좋은 입담에 행사 내내 입가에서 미소가 떠나질 않았다.

오리엔테이션이 끝나고 나는 그 녀석을 불러 유재석이 울고 갈 명사회자였다고 치켜세웠다. 군에 입대하더라도 오리엔테이션 가는 날에는 휴가라도 나와서 후배들 행사에 사회를 봐 달라고 말도 안 되는 부탁까지 했다. 그건 내 진심이었고 감사의 표현이었다. 그 뒤 녀석의 학교생활은 눈에 띄게 달라졌다. 칭찬 한마디에 자신감이 붙었는지 맨 뒷줄이 아니라 맨 앞줄로 자리를 옮겼고, 내가 호의적인 감정을 가지고 있다는 것을 알았는지 날 바라보는 표정도 환하게 달라졌다. 그는 지금 어엿한 사회인이 되어 당당하게 직장생활을 하고 있다.

교도소에서 이 에피소드를 읽은 독자분은 뭔가 특별한 감정을 느꼈다고 한다. 사실 본인도 대학생활을 하다가 순간적인 잘못된 판단으로 범죄를 저질렀는데, 뒤돌아 생각해보면 본인도 대학 시절에 맨 뒤에 앉아 아무 관심 없이 수업을 듣고, 때로는 책상 위에 엎드려 있는 학생이었다고 한다. 하지만 그때 어떤 교수님도 본인에게 관심을 주지 않았고, 말을 걸어주지도 않았다고 한다. 그때 만약 누군가 조금이라도 관심을 주고

관심 매너

칭찬의 말을 한 번이라도 건넸다면 자신이 지금과는 조금 다른 상황에 있지 않을까 하는 아쉬움이 든다고 했다.

한순간의 잘못된 판단으로 누군가는 인생을 그르치기도 하고, 누군가의 한마디로 인생이 바뀌기도 한다. 그토록 우리는 나약하고 인정을 갈구하는 존재다.

그저 말 한마디였을 뿐인데

칭찬의 반대말은 아마 질책이나 꾸지람일 것이다. 칭찬이 사람의 인생을 바꾸기도 한다면, 질책이나 꾸지람은 어떤 결과를 가져올까?

20여 년 전, 전국을 떠들썩하게 만들었던 조직 폭력배 사건이 있었다. 부유층을 납치하고 살인까지 저질러, 결국 그 두목은 사형선고를 받았다. 이후 그의 어린시절에 관한 이야기가 신문에 실린 적이 있었다.

"초등학교 시절 미술시간에 크레파스를 가져오지 않았다고 선생님으로부터 호되게 꾸지람을 들었습니다. 나는 그 당시 너무나 가난해서 크레파스를 가져올 수 없었지만, 차마 그 말을 할 수 없었습니다. 그러자 선생님이 '너는 왜 준비물을 가져오라는 말을 듣지 않느냐?'라고 화를 내시면서 매를 때렸습니다. 나중에는 '내가 준비물을 가져오라고 했으면 훔쳐서라도 가져와야 할 것 아니냐!'라고 하셨습니다. 그때부터 나는 빗나가기 시작했습니다. 물건을 훔치기 시작했고 훔치는 것이 재미있었습니다. 도적질을 시작한 것이 내 운명을 이렇게 만들었습니다."

물론 욕이나 꾸지람을 들었다고 모두 나쁜 길로 빠지지는 않는다. 하지만 누군가에게는 그 말 한마디가 가슴에 못을 박아 돌이킬 수 없는 진흙탕으로 들어가게 만들 수도 있다. 칭찬이 왜 중요한지, 그리고 남에게 상처를 남기는 질책이 어떻게 한 사람의 인생에 악영향을 주는지 다시 한 번 상기하자. 칭찬이든 질책이든 말 한마디가 사람의 운명을 좌우할 수도 있다는 사실을 기억해야 한다.

잘 듣고 호응하는 것도 칭찬이다

대학 교수이자 항공서비스 전문가로 활동하면서, 나는 각종 서비스 관련 교육이나 매너에 관한 특강들을 기업이나 국공립 기관에서 가끔 진행하곤 한다. 학교에서 수업할 때와 그 외 기관에서 강의할 때의 가장 큰 차이는 청자들의 자세다. 객실 승무원을 꿈꾸는 학생들은 수업시간에 허리를 곧게 세우고 꼿꼿이 앉아 두 눈을 동그랗게 뜨고 수업에 집중한다. 미소도 잃지 않는다. 전공수업이니 긴장된 상태에서 진행되기도 하지만, 입학할 때부터 수업받는 태도에 대해 지도교수들이 하도 강조하다 보니, 항공서비스과 학생들의 수업 태도는 여타 학과 학생들의 수업 태도와는 분위기가 다를 수밖에 없다.

이런 학생들만 지도하다가 가끔 일반인을 대상으로 수업을 할라치면 속 터지는 일이 부지기수다. 그럴 때마다 강의를 잘하면 청자의 자세도 바뀌겠지 하는 마음으로 흥이 넘치게 강의를 진행한다. 그러면 처음에는 관심 없는 태도로 일관하던 사람들도 서서히 집중해서 듣기 시작한다. 그런데 그렇게 집중하기까지의 시간이 너무 오래 걸리면 힘이 빠지곤 한다.

우리나라에서 손꼽히는 명강사라 해도 수업하기 어려워하

관심 매너

는 계층이 있는데, 바로 중학교 2~3학년 남학생이다. 이 친구들은 무슨 말을 해도 반응이 없고, 강의자에게 집중하는 건 바랄 수도 없거니와, 계속 딴짓을 하거나 아예 엎드려 자버리거나 졸거나 친구랑 키득거리며 딴소리를 한다. 이러한 태도가 강의자에 대한 매너가 아니라는 건 이 책을 읽지 않은 독자라도 잘 알 것이다. 어쩌면 "애들이니까 그렇지." "그 나이가 딱 그럴 나이지"라고 생각하는 독자들이 있을지도 모른다. 그런데 문제는 10대만 이런 태도를 보이는 게 아니라는 점이다.

기업체 강의를 가도, 명문대를 나온 분들이 모인 자리에 가도, 대기업 임원분들이 모인 자리에 가도, 교수님들을 대상으로 한 자리에 가도 이런 청중은 꼭 있다. 일단 책걸상에 앉는 자세부터 '어디, 너 얼마나 잘하나 보자'라는 마음을 온몸으로 표현한다. 다리를 꼬고 등받이에 허리를 비스듬히 기대고 팔짱을 끼고 무표정한 얼굴로 눈동자를 위로 치켜뜨며 쳐다보는 사람, 강의가 진행되거나 말거나 휴대전화만 보면서 킥킥대며 웃는 사람, 옆 사람과 계속 귓속말로 대화하는 사람 등 강도의 차이는 있을지 모르지만 행동 패턴은 중고등학생과 별반 다르지 않다. 이런 모습을 볼 때마다 매너는 학벌이나 사회적 위치와 상관없음을 뼈저리게 느낀다.

어렸을 때부터 나의 어머니는 공부 잘해서 좋은 대학에 가기보다 지혜로운 사람이 되라고 말씀하셨다. 지혜는 공부가 아닌 바른 인성에서 나온다며 늘 예의 바르게 행동해야 한다고 가르쳐주셨는데, 난 그 말씀이 무슨 뜻인지 지금에서야 가슴 깊이 느낀다. 매너는 그 사람의 인성을 그대로 보여주는 거울과도 같다는 걸 하루하루 많은 사람들을 만나며 느낀다.

얼마 전, 한 기업의 임원 세미나에 초청받은 적이 있다. 내 강연 순서가 그 기업의 CEO 강의 이후에 잡혀 있어, 해당 기업의 정보도 얻을 겸 무대 뒤 콘트롤룸에서 CEO 강의를 보게 되었다. 콘트롤룸에서는 강의장 곳곳에 설치된 카메라를 통해 청자들의 모습을 생생하게 볼 수 있었다. 그런데 카메라를 통해 본 광경이 매우 놀라웠다. 본인이 다니는 회사의 CEO가 강의를 하고 있는데 어떻게 저토록 관심 없는 태도로 앉아 있는지 기가 찰 정도였다. 회사의 최고 경영자가 회사의 비전과 미래 사업의 추진 방향에 대해 설명하고 있는데 최소한 열중하는 모습을 보여야 하는 건 아닐까?

나를 위해 강연하는 사람에 대해 예의를 지키는 건 그리 어려운 일이 아니다. 역지사지의 마음으로 생각하면 된다. 강의자는 수많은 시간을 할애하여 강연을 준비했을 것이다. 나 또한 그랬다. 2시간 강연을 위해 20시간 넘게 강의 자료를 만들고 강의 내용을 직접 리허설하며 여러 번 연습한다. 내 강연을 듣는 사람들은 내가 원래 말주변이 매우 좋은 사람인 줄 착각하지만 그렇지 않다. 강연 중간중간에 에드립처럼 던지는 농담도 사실은 다 짜인 각본이고, 수많은 연습을 통해 마치 연기하듯 자연스러워진 것뿐이다. 지금도 전철을 타고 강연장에 갈 때면, 전철 안에서 중얼중얼 강의 대본을 연습한다. 그래서 때로는 이상한 여자라는 오해를 받기도 한다. 이렇게 나름대로 열심히 준비한 강의이다 보니 가능하면 많은 사람들이 귀기울여 들어주길 바란다. 너무나 당연하다. 사람들이 내 말에 호응해주길 바라고, 다른 의견도 듣고 싶어진다. 내가 온 마음을 다해 강의하고 있는데 집중해주지 않고 딴짓을 하거나 호응을 보이지 않는다면 흥도 나지 않을 뿐더러 무시받는 느낌마저 든다.

어렸을 때 나는 그렇게 모범생은 아니었다. 교수님이 수업 시간에 열심히 수업을 하셔도 친구와 쪽지를 주고받으며 딴짓을 하기도 했고 졸기도 했다. 때로는 교수님 얼굴을 보며 딴생각을 하기도 했다. 그러던 내가 교수가 되어 이런 말을 하게 될 줄은 몰랐다. 역시 사람 일은 한 치 앞도 모르는 건가 보다.

3장

배려 매너

작은 배려가
큰 매너가 된다

진심이 담긴 배려 한마디

나는 원래 물건을 잘 버리지 않는다. 잃어버리지 않는 한 내 손으로 물건을 버리는 일은 거의 없다. 신체 사이즈도 대학 시절부터 지금까지 크게 달라지지 않은 터라 10년 전 옷이나 20년 전 옷을 그대로 입는다. 유행이 돌고 도니 멋스럽게 코디만 잘하면 새로 산 옷인 줄 아는 사람도 있다. 그래서인지 자동차도 꽤 오랜 시간 바꾸지 않고 타고 다녔다. 내 인생의 첫 차를 구매하고 나서 14년을 탔으니 말이다. 그러다 보니 여기저기 흠집도 많이 났지만 개의치 않았다. 주위에서는 왜 차를 안 바꾸냐고, 10년 넘었으면 바꿀 때도 됐다고 성화했지만 나에게 차는 운송수단일 뿐 큰 의미가 없었기에 잘 버텨서 타고 다녔다. 그런데 시간이 지날수록 슬슬 여기저기 삐걱거리기에 큰 맘 먹고 차를 바꾸기로 했다.

원래 차에 대해 관심 없는 사람이기도 하거니와 평소에도 다른 사람이 무슨 차를 타고 다니는지 관심 없는 터라 막상 차를 바꾸려니 그때부터 다른 사람들의 차부터 보였다. 누구를 만나든 그 사람의 차를 먼저 보았고 뉴스를 검색하면서도 요즘 출시하는 새 차에 대한 뉴스를 꼭 찾아보는 등 갑자기 차에 대해 무한 관심을 쏟기 시작했다. 그러기를 몇 개월, 드디어 새 차를 구매했다. 예전에는 어디에 주차를 하든, 심지어 누가 차를 긁고 가도 관심조차 없었는데 갑자기 새 차를 뽑고 나니 금이야 옥이야 주차 자리 중 명당을 찾아 돌아다니게 되고, 아침에 출근할라치면 밤새 누가 내 차에 흠집을 내지는 않았는지 차를 한 바퀴 둘러보곤 했다.

그러던 어느 날, 외부 일정이 있어 아파트 주차장에 세워둔 차를 서둘러 타려는데 큰 트럭이 내 차 방향으로 다가오고 있었다. 대수롭지 않게 여기고 차에 타려는 순간, 트럭이 내 차 쪽으로 와서 커브를 틀고 있었다.

"어어어~ 아저씨, 그만 오세요!"

끼이익!

배려 매너

분명히 난 그만 오라고 손짓까지 하며 소리쳤는데, 트럭 운전사 아저씨는 결국 내 차 범퍼 모서리를 긁고 말았다. 내가 거의 주저앉듯 차 앞에 쪼그리고 앉자 아저씨도 본인이 실수한 걸 눈치 채고는 차에서 내렸다.

"혹시 제 차에 부딪쳤나요?"

"네, 아저씨. 제가 그만 오시라고 했잖아요."

"아, 이거 죄송하게 되었네요. 제가 아직 잠이 덜 깨서 감각이 좀 무뎠나 봐요. 죄송해서 어쩌죠?"

"아저씨, 이거 새 차란 말이에요. 산 지 한 달도 안 됐다고요."

나는 거의 울 것처럼 말했다.

"이거, 정말 죄송하게 됐네요."

"난 몰라요. 이거 새 차인데…. 지금은 제가 급하게 어딜 가야 하는 상황인데 혹시 이 아파트에 사세요?"

"네, 저도 이 아파트에 살아요."

"일단 연락처 주세요. 차 수리하고 연락드릴게요."

연락처를 주고받은 후 길을 나섰지만 마음은 지옥이었다. 눈물도 살짝 맺혔다. '큰 사고가 아니었으니 다행이고 액땜했다 생각하자. 같은 아파트에 살면서 이런 사소한 문제로 얼굴 붉히지 말고 잊어버리자!'라고 아무리 긍정적으로 생각해보려

해도 뽑은 지 며칠 되지도 않은 새 차에 흠집이 생기니 이성과 감정이 따로 놀았다. 친구들은 보험 처리해버리면 되고, 범퍼도 새로 갈면 된다고 위로했지만 귀에 들어오지도 않고 속상하기만 했다. 그렇게 속이 부글거릴 무렵, 모르는 전화번호로 문자 한 통이 왔다.

"안녕하세요. 트럭 차주입니다. 아침부터 마음 불편하게 해드려서 정말 죄송하다는 말씀드립니다. 좀 더 조심하지 못하고 새 차에 흠집을 내서 죄송합니다. 차량 손보시는 대로 연락 주시면 감사하겠습니다."

문자 한 통을 받고 나니 갑자기 마음이 편안해졌다. 오히려 트럭 아저씨가 나보다 더 마음이 불편했을 거란 생각에 미안해지기까지 했다. 문자를 보니 미안해하는 그분의 마음이 고스란히 전해지는 것 같아 마음이 따뜻해졌다.

"문자 주셔서 감사합니다. 주말이라서 아직 센터에 못 갔어요. 다시 연락드릴게요."

이렇게 문자를 보내긴 했지만 사실 나는 아저씨의 문자를 받고 차를 수리받을 생각이 없어졌다. '운전하다 보면 부딪치기도 하고 긁히기도 하고 그런 거지. 그게 뭐 대수인가?' 하는 생각이 들면서 부글거리던 생각이 싹 사라졌다. 아저씨에게

배려 매너

연락드린다고 말은 했지만 차 수리 문제로 연락할 생각은 없었다. 그렇게 며칠이 지났다. 그리고 그날의 사고를 잊고 살던 어느 날, 아저씨에게 또다시 문자가 왔다.

"안녕하세요. 차량은 잘 손보셨는지요? 아직 연락을 받지 못해서요. 혹시 문자가 제대로 전달이 안 됐나 싶어 이렇게 연락드립니다."

며칠 동안 차에 대해 완전히 잊고 있었는데, 아저씨는 계속 마음을 쓰고 계셨구나 하는 생각에 너무 미안해져 바로 답장을 보냈다.

"아, 안녕하세요? 생각해보니 별거 아니라서 그냥 타려고요. 같은 아파트 살면서 그런 일 다반사일 텐데요, 제가 미리 말씀드릴걸…. 며칠 동안 마음 쓰이게 해드렸네요. 죄송합니다."

"아닙니다. 그런 말씀 마세요. 제가 더 죄송합니다. 쉽지 않으셨을 텐데 이렇게 배려해주셔서 정말 감사합니다. 앞으로 좀 더 조심하겠습니다. 다시 한 번 감사 말씀드립니다."

가끔 드라마나 영화에서, 또는 일상생활 중에 크고 작은 자동차 사고나 시비 광경을 보곤 한다. 그럴 때마다 서로가 상대방을 탓하며 네가 잘못했다고 소리치고, 일단 뒷목부터 잡으며 차에서 내리는 상황을 우리는 수없이 목격해왔다. 나도 분

명히 누군가에게 해를 줄 수 있고, 때로는 내가 해를 당할 수
도 있다. 그럴 때마다 조금씩 양보하고 상대방의 실수를 가끔
은 눈감아준다면, 그렇게 눈감아준 일이 언젠가는 나에게도
돌아오지 않을까? 만약 그 아저씨가 나에게 첫 문자를 보내지
않았다면 어떻게 되었을까? 또는 아저씨가 본인의 실수를 인
정하지 않고 "이거 내가 긁은 게 맞아요? 증거 있어요? 다른
곳에서 긁히고 나한테 뒤집어씌우는 거 아니에요?" 이렇게 말
했다면 나는 어떻게 대처했을까? 아마 이렇게 조용히 넘어가
지는 않았을 것이다. 절대로!

상대방의 감정을 배려하는 행동

작년 여름은 참 더웠다. 얼마나 더운지 대프리카(대구 아프리
카), 울라질(울산 브라질)이라는 신조어까지 생겨났다. 승무원
시절, 40도가 넘는 사막 지대에 비행을 갈 때마다 이런 환경에
서 어떻게 사람이 살까? 의문을 갖곤 했는데 그게 지금 우리
나라의 현실이 되었다. 그렇게 더운 어느 여름날, 라디오에서
한 디제이가 이런 멘트를 했다.

"이렇게 더운 날 어떤 현장에서 일하고 계신가요? 더위보다 나를 더 힘들게 하는 건 무엇인가요? 문자 보내주세요."

디제이의 요청에 따라 다양한 문자 답변이 소개되었다. 38도를 웃도는 날에 아스팔트 공사를 하고 계시는 분들도 있었고, 온다는 인부가 연락도 없이 안 와서 혼자 땡볕에서 밭일을 해야 한다는 사연, 건물 외벽을 청소하고 있다는 분들까지 정말 다양한 사연들이 각자의 어려움을 호소하고 있었다. 그 많은 소개글 중 귀에 쏙 꽂히는 사연이 하나 있었다. 편의점에서 일하는 아르바이트생이었는데, 일은 하나도 힘들지 않은데 고객들의 태도 때문에 너무 짜증이 난다는 사연이었다. 카드로 계산하는 고객들이 자꾸 카드를 던진다는 것이다. 카드가 바닥에 떨어질 때마다 정말 화가 난다는 사연이었다. 그 사연을 들으니 머릿속에 떠오르는 기억이 하나 있었다.

승무원 사무장으로 재직하던 시절의 이야기다. 내가 근무했던 항공사는 다양한 국가의 외국인 승무원들이 함께 근무했다. 중국, 러시아, 태국 등 제2외국어를 구사해야 하는 경우 외국인 승무원들은 승객과의 의사소통에 많은 도움이 되었다. 특히 중국인 승객이 증가 추세여서 중국어로 의사소통할 상황이 많았다. 한국인 승무원들도 간단한 서비스 대화 정도는 가능했지만, 혹시 대화가 길어지면 같이 탑승했던 중국인 승무원에게 도움을 요청하여 문제를 해결하곤 했다.

하루는 중국 노선 비행을 갔는데, 중국 노선은 비행시간이 워낙 짧은 터라 눈코 뜰 새 없이 바쁘기 일쑤다. 300명가량의 승객들에게 자리를 안내하고 안전 브리핑을 하고 음료와 식사 서비스를 하고 면세품을 판매하고 입국 서류 서비스와 작성 방법을 안내하고. 그 사이 개개인의 질문과 요청을 들어야 하고 화장실도 청소해야 하고…. 제주도 가는 비행시간보다 20~30분 더 길 뿐이지만, 시간에 비해 해야 할 일이 너무나 많다. 그중 민감한 서비스는 아무래도 돈이 왔다 갔다 해야 하는 면세품 판매다. 승무원의 실수로 물건을 잘못 건네거나 계산이 틀리기라도 하면 그날 탑승한 전체 승무원이 곤란해질 수도 있기에 특히 더 신경 써야 한다.

그날따라 중국인 승객들의 면세품 주문이 많아 거의 모든 승무원이 면세품 판매에 집중하고 있었다. 아무래도 의사소통이 잘 안 되니 중국인 승무원이 여기저기 뛰어다니며 판매를 도왔다. 어느 정도 판매가 마무리될 무렵, 영수증이 판매액과 맞지 않음을 알게 되었다. 정신없이 팔다 보니 판매되었던 물건을 환불하고 다른 물품으로 구매하는 과정에서 중국인 승무

배려 매너

원이 계산 착오로 영수증을 잘못 끊은 것이다. 착륙하고 손님이 모두 나가버리면 다시 카드를 받아서 정산할 수 없기에 중국인 승무원을 불러 상황을 설명하고 다시 카드를 받아 오라고 설명했다. 그랬더니 얼굴 표정이 굳어지며 휙 하고 돌아서 가버리지 뭔가.

'이게 지금 무슨 상황이지? 그래. 바쁘니까 그럴 수 있지.'

아무 대꾸도 없이 돌아서 나가버리는 중국인 승무원의 태도가 마음에 걸렸지만 참았다. 몇 분 뒤 중국인 승무원은 한 손에 신용카드를 든 채 갤리Galley(비행기 내 승무원이 근무하는 주방 같은 공간)로 들어와 선반에 카드를 '탁' 소리 나게 던졌다.

"여기요! 여기 카드 다시 받아 왔어요."

말투도 마음에 들지 않았지만 카드를 던지는 모습도 매우 언짢았다. 아까 돌아서 나가는 모습도 굉장히 불쾌했는데 또 한 번 마음이 상하고 말았다. 그래도 참았다. 한창 착륙 준비로 바쁘고 면세품 정리도 안 되는데, 그녀와 실랑이하자니 귀찮기도 하고 시간도 아까워 그냥 참기로 했다.

"카드와 영수증 드릴 테니 영수증에 사인 받아 오세요!"

가는 말이 고와야 오는 말이 고운 법이다. 나도 인상을 팍 쓰며 말했다. 그랬더니 중국인 승무원이 내 손에 있던 영수증을 뺏듯이 낚아채 가버렸다.

'참자, 참자, 참자.'

잠시 뒤 중국인 승무원이 영수증을 들고 다시 갤리로 들어왔다. 그러더니 이번에도 또 선반에 영수증을 휙 던지는 것이 아닌가. 이번에는 정말 못 참아!

"○○○ 씨! 지금 뭐하는 거예요?"

"내가 뭐? 무슨 문제라도 있나요?"

"아까는 신용카드를 던지더니 지금 또 영수증 던졌잖아요!"

"내가? 언제요? 나 안 그랬는데요?"

환장할 노릇이었다. 워낙 바쁜 시간이라 주변에 본 사람도 없고 나 혼자 답답해 죽을 지경이었다.

"아니긴 뭐가 아니야? 던졌잖아요!"

"아니라고요! 나 그런 적 없다고요. 왜 나한테만 자꾸 뭐라고 하시는 거죠?"

"난 당신의 태도에 문제가 있다고 생각해요. 윗사람한테 카드를 던지고 상대방이 말하는데 대꾸도 없이 나가버리고! 그게 문제 없는 행동이라 생각해요?"

"그게 왜 문제라는 건지 모르겠네요. 우리는 동료잖아요. 당신은 내 상사가 아니라고요!"

배려 매너

"내가 이 비행기의 사무장인데 상사가 아니라고요? 그럼 누가 당신의 상사죠?"

"나의 상사는 오로지 이 회사 회장님뿐이라고 생각해요!"

기가 막힐 노릇이었다. 더 이상 대화가 안 될 것 같기도 하고, 착륙을 위한 안전점검을 해야 했기에 그쯤에서 대화를 중단했다. 그렇게 찜찜한 상태로 비행을 마무리했는데 도저히 그냥 발길을 돌릴 수가 없었다. 답답한 심정을 누군가에게 하소연하고 싶었는데, 마침 공항에서 옛 팀원이었던 선배 사무장님과 우연히 마주쳤다.

"사무장님, 오랜만이에요. 퇴근하세요?"

"어머, 모란 사무장 정말 오랜만이네. 잘 지냈어? 응, 나 지금 퇴근하는 길이야."

"그럼 저랑 차 한 잔 하실래요? 제가 시원한 아이스커피 한잔 살게요."

"좋지!"

다행히 선배를 만나서 오늘 있었던 일을 미주알고주알 전했다. 중국인 승무원의 비정상적인 정신세계에 대해서 침 튀기며 얘기하고, 사무장인 나에게 신용카드와 영수증을 면전에 대고 집어던진 일까지 다 일러바쳤다. 그런데 선배의 반응은 너무나 의외였다.

"모란 사무장, 내가 보기에 그 승무원이 크게 잘못한 건 없는 거 같은데?"

"네? 아니, 그게 무슨 말씀이세요? 저한테 신용카드랑 영수증을 막 집어던졌다니까요!"

"그게 중국인들의 습성이고 문화야. 모란 사무장에게 감정이 있어서 집어던진 게 아니야. 그러니까 기분 나빠할 이유가 없어. 문화 차이일 뿐이야. 그리고 사무장을 윗사람이라고 생각하지 않고 동료로 생각하는 것도 어찌 보면 일리가 있어. 그 사람한테 월급을 주는 건 회장님이잖아? 사무장이 아니라고. 그러니 그렇게 생각할 수도 있지. 특히 요즘 젊은 중국 친구들은 그렇게 생각하더라고. 집안에서도 무남독녀 외동으로만 자라서 더 그런지 모르겠지만. 어쨌든 대한민국에서 일하는 이상 한국 문화도 배우면 좋겠네."

선배의 말을 들어보니 문화의 차이라고 생각하면 크게 문제될 일이 아니었다. 물론 기분이 나쁘긴 했지만 말이다.

신용카드를 집어던지는 손님들 때문에 화가 난다는 아르바이트생의 사연을 들으니 수년 전의 그 일이 떠올랐다. 그런데 내 경우는 국적이 다른 문화 사이의 충돌이었지만, 편의점의

배려 매너

경우는 다른 문제다. 도대체 왜 계산대 앞에서 돈을 던지고 카드를 던지는 걸까? 그건 누가 봐도 매너 없는 행동이다. 본인은 별 생각 없이 한 행동일지 모르지만, 그런 일을 당하는 상대방에게는 굉장히 불쾌한 일이다. 적어도 돈과 돈이 오고갈 때, 또는 무언가 주고받을 때에는 손에서 손으로 전달하고 짧게라도 인사말을 건네는 게 좋다. "여기 있습니다"라고 건네고 "감사합니다"라고 받으면 얼마나 훈훈하고 아름다운가!

나도 혹시 민폐남? 민폐녀?

날씨가 좋은 날이면 우리 가족들은 집 근처 공원에 가곤 한다. 산 밑에 조성되어 있는 공원은 울창한 나무가 우거져 있어 상쾌한 공기를 만끽할 수 있는 곳이다. 가족들끼리 피크닉을 많이 오는 장소이다 보니 텐트를 칠 수 있는 장소도 마련되어 있고, 테이블과 의자가 곳곳에 많아서 간단한 도시락을 싸와서 식사하는 사람들도 눈에 많이 띈다.

가을 공기가 시원한 어느 날, 우리 가족도 도시락을 싸서 공원에 산책을 갔다. 집에서 급하게 만든 김밥과 추석 명절 때

먹다 남은 송편을 다시 쪄 도시락통에 담고, 과일도 보기 좋게 깎아 준비하고, 따뜻한 음료수와 시원한 음료수를 각각 텀블러에 담아 배낭을 메고 출발했다. 산책이 목적이 아니라 도시락을 까먹는 게 주된 목적이었다.

여느 때와 같이 공원에 마련된 테이블에 자리를 잡았는데, 휴일이라 그런지 많은 가족들이 보였다. 치킨을 먹는 가족들도 있고, 우리처럼 도시락통을 몇 개씩이나 가지고 온 가족들도 있었다. 우리도 도시락을 꺼내 먹으려는 그때였다. 네댓 살 되는 남자아이가 비둘기를 잡겠다고 마구 뛰어다니기 시작했다. 놀란 비둘기들이 푸다닥 푸다닥 날갯짓을 하며 날아오르자 먼지가 뿌옇게 일었다. 아이는 계속 비둘기를 잡겠다며 테이블 주위를 뛰어다녔고, 테이블에 앉아 식사를 하던 많은 사람들은 모두 얼굴을 찌푸렸다.

그런데 아이의 부모는 잘 뛰어 노는 아들의 모습을 흐뭇하게 바라볼 뿐 어떤 제지도 하지 않았다. 아이의 소란 때문에 가만히 앉아 있던 비둘기들이 다른 곳으로 달아나자, 이번에는 아이가 테이블 옆에서 공을 차기 시작했다. 공이 테이블 위로 언제 튀어 오를지 모를 상황이었다. 결국 우리 가족은 도시락 먹기를 포기하고 자리를 옮겼다. 우리뿐만 아니라 주변에서 식사하던 다른 가족들도 모두 자리를 떴다.

물론 공원은 공공장소이며 누구나 와서 즐길 수 있는 곳이다. 공원에서 아이가 뛰어노는 것도 문제가 아니다. 하지만 위치가 문제였다. 그곳은 공차기를 하는 장소가 아니었고 주변에 식사하는 사람들이 많았다. 그러니 아이가 먼지를 일으켜 식사하는 타인에게 피해를 줄 수 있는 상황이었다.

"아름아, 비둘기 그냥 놔둬. 지금 비둘기도 밥 먹고 있는 거야. 그리고 주변에 다른 분들 식사하고 계시니까 이리 와."

"아름아, 공차기는 저기 운동장에 가서 하자. 다른 분들이 식사하고 계시잖아. 아름이가 뛰면 이분들이 불편하실 거야."

이런 배려가 있었다면 얼마나 좋았을까. 요즘처럼 저출산 시대에 남의 아이에게 싫은 소리를 하면 어른들 간의 싸움으로 번지기 일쑤다 보니 불편한 일이 생겨도 모른 척하는 일이 다반사다. 식당에서 아이들이 소란을 일으켜 다른 손님에게 피해를 주는 일도 부지기수다. 어른들도 마찬가지다. 길거리에 침을 뱉는 행동도 다른 사람들이 보기엔 매우 언짢을 수 있다. 운전할 때 창문을 열고 담배를 피우는 행동도 정차해 있는 다른 차 탑승자들에게 매우 불쾌할 수 있다. 심지어 창문을 열고 담뱃재를 탁탁 털어내거나, 다 태운 담배꽁초를 밖으로 휙

던져버리는 사람들도 여전히 많다.

 내가 어렸을 적, 아버지가 운전하는 차를 타고 교외로 소풍을 간 적이 있다. 어머니와 나는 기분 좋게 들떠 노래를 흥얼거렸다. 그날따라 날씨가 좋아 창문을 다 열고 봄 햇살을 만끽하고 있었는데, 그때 아버지가 말씀하셨다.

 "여보, 오늘 날씨가 굉장히 뜨거운 거 같아."

 어머니가 대답하셨다.

 "햇빛이 좋긴 한데 그렇게 뜨겁지는 않아요, 여보."

 몇 초가 흘러 아버지가 다시 말씀하셨다.

 "여보, 근데 나 등이 너무 뜨거워."

 어머니는 아버지가 엄살을 부린다며 뜨겁긴 뭐가 뜨겁냐며 아버지 등 쪽을 바라보았다. 그러고는 기겁을 하며 크게 소리치셨다.

 "어머, 여보! 이게 뭐야?"

 아버지의 등과 운전석 등 받침 사이에서 담배꽁초가 타들어 가고 있었던 것이다. 누군가 운전을 하며 담배를 피우다가 꽁초를 획 버렸는데, 하필 그 꽁초가 우리 차 안으로 들어와 아버지 등 뒤에 떨어진 것이다. 이미 아버지의 셔츠와 내의는 누렇게 타고 있었다.

"이렇게 둔한 사람이 어딨어? 살갗이 타들어가는데 이걸 모르고 있었어요?"

"어쩐지 뜨겁더라."

대한민국은 자유민주주의 국가다. 아이들이 맘껏 뛰어놀 수 있는 나라이고, 흡연이 금지된 나라도 아니다. 그러나 나의 행동이 혹시 타인에게 불쾌감을 주고 있지는 않은지 한 번쯤 주변을 둘러볼 필요는 있다. 왜냐하면 우리는 함께 어울려 살아가는 존재이기 때문이다.

주려거든 가장 좋은 것으로

요즘은 홈쇼핑으로 물건을 사는 시대이다 보니 의도하지 않게 묶음 판매로 물건을 구매하는 경우가 많다. 특히 텔레비전 홈쇼핑은 소량으로 판매하지 않는다. 화장품을 한 번에 10개 이상씩 주질 않나, 티셔츠를 사도 한 번에 색깔별로 예닐곱 장씩 주니 한 번에 많이 사게 된다. 화장품이나 식품의 경우에는 유통기한이 있어 오랫동안 묵혀두고 쓸 수 없으니 살까 말까 고민하기도 하지만, 내가 몇 개 쓰고 나머지는 지인들한테 선물하자는 생각으로 구매 버튼을 누르곤 한다. 이러다 보니 나뿐만이 아니라 지인들도 "나 이번에 홈쇼핑으로 폼클렌징 샀는데 너무 많이 왔어. 너 이거 한번 써볼래?"라거나 "나 지난주에 홈쇼핑에서 아이크림 샀는데 15개나 주더라. 너도 이거 하나 써봐!"라며 선물을 주고받는 경우가 많다.

그런데 언젠가 매우 황당한 일을 겪었다. 지인들과의 모임에서 한 분이 목욕 제품을 하나씩 나누어주며 써보라고 하셨다. 우리 모두 너무 감사하다며 집에 가서 꼭 써보겠다고 신나서 대답했다. 왜냐하면 나도 그 브랜드를 오래전부터 알고 있었는데 한 번도 사용해본 적이 없어서 향은 어떨지, 효과는 광고만큼이나 좋을지 항상 궁금하던 참이었기 때문이다. 그날 저녁 샤워실에 들어가 제품을 뜯고 병에 적힌 사용법을 찬찬히 읽던 중 내 눈에 들어온 것은 제조일자. 날짜를 본 순간 난 내 눈을 의심했다. 지금이 몇 년도인지 다시 한 번 생각해야 하는 숫자였다. 제조일자가 무려 5년 전이었다. 제품의 유효기간은 제조일로부터 3년. 내 마음 그릇이 작아서인지는 모르겠지만 은근히 기분이 상했다. 아예 주지를 말든가, 이런 걸 왜 선물로 주는 걸까? 사용했다가 피부에 트러블이라도 나면 어떻게 하려고? 뚜껑을 열고 향을 맡았는데 선입견 때문인지 기분 나쁜 탁한 향이 코를 찔렀다.

얼마 전 아파트 경비원에게 주민들이 갑질을 했다는 신문기사를 접한 적이 있다. 상한 음식을 먹으라고 가져다주고, 유통기한이 넘은 음식을 선심 쓰듯 건넸다는 기사였는데, 그 기사를 읽으면서 어떻게 저렇게 나쁜 사람이 있을까 생각했다. 그런데 내가 이런 일을 당하고 나니 마음이 착잡했다. 물론 나쁜 의도로 그런 제품을 선물한 건 아닐 것이다. 어쩌면 그분도 그 욕실용품이 그렇게 오래되었다고는 생각하지 못하고 주셨는지도 모른다.

어렸을 적 아버지가 대기업 임직원으로 잘나가던 시절, 우리 집에는 명절 때마다 선물세트가 쌓이곤 했다. 특히 과일바구니가 많이 들어왔는데 그때마다 어머니는 동네 이웃집이나 친척들에게 과일을 나누어주곤 했다. 특히 알이 굵고 실한 과일을 남에게 주고 조금 상하거나 흠집이 있는 건 우리에게 주셨다. 어린 마음에 내가 좋아하는 과일을 다른 사람에게 막 퍼주는 어머니를 이해할 수 없어 떼를 쓰곤 했다.

"엄마, 왜 크고 좋은 건 다 남을 줘? 우리가 먹어야지!"

그때마다 어머니는 대답하셨다.

"이왕 주는 건데 크고 좋은 걸로 줘야지."

배려 매너

그때는 어머니의 말씀이 잘 이해되지 않았고, 이해할 수 있는 마음의 그릇도 작았다. 그런데 지금에서야 알겠다. 내가 좋은 건 남도 좋고, 내가 싫은 건 남도 싫다는 걸. 남에게 줄 거라면, 이왕 줄 거라면 내가 가진 것 중에서 가장 좋은 것을 주자! 그게 마음을 잘 쓰는 일이라는 걸 나이 들어 알게 되었다.

사적인 자리와 공적인 자리를 구별하라

승무원으로 근무하면서 좋았던 점을 꼽아보라면, 10위 안에 드는 한 가지가 지근거리에서 유명인들을 볼 수 있다는 점이다. 한국을 방문하는 유명한 할리우드 배우를 볼 기회도 있었고, 우리나라 톱 탤런트나 영화배우들, 정재계 유명인사들과 자연스럽게 대화를 나눌 수도 있었다. 많은 유명인들을 만났지만 그중 가장 기억에 남는 사람들 이야기를 해보려 한다.

지금은 결혼해서 아이도 낳고 제2의 전성기를 맞이하고 있는 그 당시 최고의 인기를 누렸던 여자 탤런트가 탑승했다. 어찌나 피부가 뽀얗고 얼굴이 작은지 어떻게 저 조그만 얼굴에 눈코입이 다 들어갈 수 있을까 신기할 정도로 얼굴이 작고 인형처럼 예뻤다. 그런데 더 놀라운 건 비즈니스클래스에 앉아서 12시간 장거리 비행을 하는데도 생수 두 잔만 마셨다는 점이다. 비행기에 얼마나 맛있는 음식이 많은데 물만 마실 수 있단 말인가! 비즈니스클래스는 식사도 코스로 서비스되고, 연어 에피타이저를 비롯하여 유자소스를 곁들인 싱싱한 그린 샐러드, 레드와인 소스로 풍미를 더한 두툼한 소고기 스테이크에 초콜릿 무스케이크, 망고 푸딩까지…. 맛있는 음식이 넘쳐난다. 그런데 물만 마시다니! 역시 예쁘고 날씬한 사람들은 그만한 이유가 있다는 걸 다시 한 번 깨달았다. 물론 난 그날도 그 맛있는 음식을 모두 먹어 치웠다. 난 유명배우도 아니고 비행 중에 열심히 일해야 하니 이렇게 먹어도 된다고 스스로를 합리화하면서.

또 다른 여배우도 생각난다. 그녀 또한 당대 최고의 인기를 누리던 여배우로 드라마 한 편으로 중국, 대만, 중동까지 인기가 뻗어나갔던, 지금도 대단히 인기 많은 분이다. 이분의 트레이드마크는 투명한 피부와 조근조근하게 말하는 말투.

난 어렸을 때부터 명랑소녀였고, 목소리도 커서 화통을 삶아 먹었냐는 핀잔도 곧잘 들었다. 그래서였을까? 내숭인지 성격이 그런 건지 다소곳하고 얌전한 여자아이들이 매우 마음에 들지 않았다. 일단 머리가 길고 얼굴이 하얗고 목소리도 조용 조용한 여자아이들과는 왠지 친구하기도 꺼려졌다. 나랑은 맞지 않은 부류의 사람이라고 생각했던 것 같다. 그런 애들은 미팅에 나가면 대개 밥도 깨작깨작 먹고 웃을 때는 손으로 입을 가리며 '호호호' 웃는 등 눈에 거슬리는 행동을 하곤 했다.

반면 나는 어찌나 식성이 좋은지 "참 잘 드시네요"라는 말을 상대 미팅남에게 매번 들을 정도였고, 웃을 때도 박장대소를 했다. 그럴 때마다 남자들은 '성격이 참 좋아 보인다'며 칭찬을 했지만, 커플이 되는 여자애는 꼭 머리 길고 얼굴이 하얀 애들이었다. 그런 트라우마 때문이었을까? 난 미팅이 싫었다. 그래서 그 유명한 배우에 대한 이미지도 평소에 그저 그랬다. 우리 비행기에 탑승한다는 소식을 접한 다른 승무원들은 호들갑을 떨며 "얼마나 예쁠까?" 기대를 했지만 난 심드렁했다. 오히려 후배들에게 연예인이라고 특별대우해주지 말고 공평하게 서비스하라고 단단히 일러두었다.

탑승이 시작되고 그녀가 기내로 들어오는데 정말 후광이 보였다. 부정하고 싶지만, 그랬다. 화장도 하지 않은 민낯이었는데 피부에서도 번쩍번쩍 빛이 났다.

'연예인이니 피부에 얼마나 투자하겠어? 나도 피부과에 열

심히 다니면 저렇게 되는 건 시간문제야!'

그렇게 내 자신을 위로하며 서비스를 시작했다. 아무리 유명한 연예인이라고 해도 나에게는 똑같은 승객일 뿐이기에 특별히 더 해주는 것도, 덜 해주는 것도 없이 평정심을 갖고 서비스를 했다. 사실 그렇게 예쁘면 성격이라도 까칠해야 공평한 거 아닌가? 그런데 그 배우는 사소한 서비스를 해줄 때마다 옅은 미소를 띠며 눈인사도 빼놓지 않았다. 생각보다 괜찮은 사람이라고 생각하며 서비스를 끝내고 휴식시간을 가질 무렵이었는데, 그 배우가 승무원 호출 버튼을 눌렀다.

"뭐 필요한 거 있으세요?"

소곤소곤

무슨 말을 하긴 했는데 도대체 알아들을 수 없었다. 워낙 작은 목소리로 말해서 안 들릴 정도였다.

"네?"

"창문 좀…."

그녀는 이렇게 말하며 건너편 창문의 블라인드를 내려달라고 손짓했다.

"아, 네. 알겠습니다."

아마도 건너편 창문에서 들어오는 빛이 눈에 거슬렸던 모양

배려 매너

이다. 아니면 자외선이 걱정되었을 수도. 난 그녀가 요청한 대로 건너편 창문 블라인드를 내려주었다. 그 뒤 한참 시간이 흘렀다. 그녀가 또 호출 버튼을 눌렀다.

"필요한 거 있으십니까?"

소곤소곤

"네?"

난 또 알아들을 수가 없어 귀를 바짝 갖다댔다.

"우유 좀…."

"아, 우유요? 알겠습니다."

목소리가 잘 안 들려 두 번 물어봐야 했지만, 난 이상하게도 그녀의 매력에 빠져버렸다. 왠지 내가 남자라도 저렇게 소곤소곤 말하는 여자에게 빠져들 것만 같았다. 또박또박한 말투로 "창문 좀 내려주시겠습니까?" "목이 말라서 그러는데 우유 한 잔 가져다주시겠습니까?"라고 말하는 것보다 "창문 좀…." "우유 좀…." 이렇게 말끝을 흐리는 것이 보호본능을 일으키기도 하고, 뭔가 신비로운 느낌을 풍겼다. 그래서 나도 후배들 앞에서 그 말투로 연습을 좀 해봤다. 가녀린 말투와 표정과 몸짓으로 말이다.

"사무장님, 사무장님은 되게 안 어울리시네요. 그냥 하시던

대로 하세요."

그렇지만 나도 결심했다. 내가 진짜 마음에 드는 남성이 나타난다면 저런 말투를 한번 써보겠노라고!

재계 인사들을 볼 때도 배울 점이 참 많았다. 특히 한 경영인이 기억에 남는다. 평소 나는 그가 선대로부터 회사를 거저 물려받은, 그저 운이 억세게 좋은 사람이라고만 생각했다. 소위 태어나 보니 억만장자의 아들, 또는 손자가 된 사람들 말이다. 하지만 아무리 금수저라 할지라도 노력이 없으면 그 자리에 올라서지도, 그 자리를 지킬 수도 없겠다는 생각이 들었는데, 장거리 비행시간 내내 독서를 한다든지 밥 먹는 시간을 빼고는 보고서를 검토하는 등 쉬는 시간을 쪼개가며 자신의 일에 몰두하는 모습을 보고서였다. 비행기에서는 잠을 자거나 영화를 보며 휴식을 가질 법도 한데 그렇게 여유를 부리는 경영인은 거의 없었다. 대부분 매너도 좋았다. 거만하거나 갑질하는 사람은 드물었다. 오히려 고생 많다며 간식까지 사서 건네주는 분들도 계셨다. 워낙 비행기 이용이 잦다 보니, 승무원들을 본인 회사의 직원들처럼 아끼는 분도 계실 정도였다.

그런데 한 번 눈살이 찌푸려졌던 때가 있었다. 그분 또한 우리나라에서 알아주는 재벌가의 회장님이었는데 다른 분들과는 좀 달랐다. 일단, 비행기에서 신문을 종류별로 많이 읽는 다독가였으나(이 점은 다른 경영인과 다르지 않았다), 본인이 다 읽은 신문을 본인 좌석 바닥에 한 장씩 한 장씩 버리는 특이한 분이었다. 일반적으로는 신문을 다 읽으면 그대로 접어서 앞 좌석 주머니에 꽂아두거나, 둘 자리가 없으면 승무원을 불러서 치워달라고 하는데, 그분은 본인이 읽은 신문들을 한 장씩 바닥에 내동댕이치고 승무원이 알아서 치워주길 바랐다.

그뿐만이 아니었다. 장거리 노선의 퍼스트클래스에서는 손님들의 편안한 비행을 위해 편의복을 제공하는데, 보통의 경우 화장실에 가서 옷을 갈아입고 나온다. 하지만 그분은 본인 좌석에서 상하의를 다 갈아입었다. 생각만 해도 너무나 민망한 상황이라는 걸 알 수 있을 것이다. 그런데 그분은 그런 행동이 문제 있는 태도라고 인식하지 못하는 것 같았다. 너무나 순식간에 일어난 일이라, 그리고 예상치 못한 일이라 "옷은 화장실에 가서 갈아입으세요"라고 안내조차 할 수 없었다. 비행이 끝나고 당시 사무장님께 이 당황스러운 일에 관해 말씀드렸더니, 30여 년 이상 비행 경험이 있는 노(老) 사무장님께서 이런 말씀을 하셨다.

"그 사람 기준에서는 그게 매너에 어긋나는 일이라고 전혀 생각 못했을 거야. 아주 어렸을 때부터 아버지가 대단한 회장님이었으니 집에서도 왕자님으로 컸을 테고, 집안 응접실에서 신문 보고 바닥에 내동댕이치면 집사나 가정부들이 한 장씩 주워서 치워줬겠지. 본인이 하고 싶은 대로 하면서 살았을 테니 주변 사람들의 눈을 의식하고 어려워하면서 살았겠어? 그러니 아무 데서나 옷을 갈아입지."

물론 사무장님의 견해일 뿐이지만 한편으로는 일리 있는 말이다. 아주 어렸을 때부터 왕자님, 도련님으로 커왔으니 나 이외에 다른 사람은 본인 밑에 있는 사람으로 여기며, 그들의 기분이나 입장은 크게 고려하지 않으며 성장했을 것이다.

그러나 항공사 승무원인 나에게 그는 한 명의 승객일 뿐, 왕자님도 도련님도 아니다. 어느 곳에서든 본인의 위치가 똑같다고 생각하면 큰 오산이다. 회사에서나 회장님이지 비행기에서도 회장님은 아니다. 본인의 집에서나 왕자님이지 공공장소에서도 왕자님은 아니다. 때와 장소를 구분하여 행동하는 것, 그게 매너의 첫걸음이다.

배려 매너

사진 찍기를 거절한 다니엘 헤니

나는 어렸을 때부터 특정 연예인의 팬클럽에 가입하거나 브로마이드를 사서 벽에 붙여놓거나 콘서트를 따라 다닌 적이 한 번도 없다. 항공사 승무원을 할 때도 많은 사람들이 "비행기에 연예인들 많이 타지? 부럽다! 제일 예쁜 연예인이 누구였어?"라며 질문 공세를 할 때도 무덤덤했다. 비행하면서 많은 연예인들을 봐왔지만 딱히 감정에 동요가 이는 연예인도 별로 없었다. 왜냐하면 난 그들을 유명 연예인으로 보지 않고 일반 승객과 동일한 시선으로 봤기 때문이다. 그들도 일반 승객과 똑같은 운임을 내고 탑승한 승객인데 내가 그들에게만 특별대우를 해준다면 일반 승객들이 불만스러워할 수도 있기 때문이다. 사실 유명 연예인이 탑승하면 주변에 앉은 승객들도 들썩들썩한다.

"승무원 언니, 저 연예인이랑 사진 한 번만 찍게 해주시면 안 돼요?"

"미안하지만 사인 좀 해달라고 부탁해도 될까요?"

직접 말하기가 곤란해서인지 대부분의 승객들이 대신 말을 전해달라고 승무원들에게 부탁하는 경우가 많다. 아마도 비즈니스클래스 이상을 탑승하는 분들 연배가 적지 않은 데다 직접 말하기 쑥스러워서 그런 듯했다. 그럴 때마다 나는 메신저 역할을 하곤 했다. 연예인에게 가서 승객의 요구사항을 전하면 연예인들의 반응은 크게 두 가지로 나뉜다. "사진이요? 네, 그러죠. 그 승객분 어디 계세요?"라며 흔쾌히 사진을 찍어주는 유형이 있는 반면, "죄송하지만 사진은 좀 곤란해요. 승무원 언니가 얘기 좀 잘 해주세요"라며 거절하는 연예인도 있다. 거절하는 연예인들은 대개 메이크업이나 헤어, 또는 옷차림에 신경 쓰지 않은 상태라 그런 듯했다. 비행시간만큼은 다른 사람들의 시선에서 벗어나 편안히 쉬고 싶기 때문일 수도 있다.

사인을 해달라고 요청할 때에도 반응은 두 가지로 나뉜다. "사인이요? 그럼요. 당연히 해드려야죠. 혹시 펜 있으세요?"라며 흔쾌히 해주는가 하면, 어떤 연예인은 본인의 사인용지와 전용 펜을 가지고 다니며 정해진 종이에만 해주기도 했다.

팬을 대하는 매너나 기내 매너는 대부분의 연예인들이 좋았다. 그런데 그중에서도 유독 기억에 남는 한 사람이 있다. 바로 영화배우 다니엘 헤니. 물론 나는 다니엘 헤니의 팬이 아니었다. 비행기에 그가 탑승을 한다는 얘기를 들었을 때도 별 감흥이 없었다. 탑승을 하고 식사 서비스를 할 때에도 나는 일반

배려 매너

승객과 다름없이 서비스를 했고, 그 또한 특별한 반응이 없었다. 단 한 가지 눈에 띄는 것이 있었다면, 그가 화장실을 사용하고 나서 승무원이 뒷정리를 하려고 들어가면 마치 승무원이 청소하고 나온 것처럼 세면대며 거울 등이 깨끗이 닦여 있었다는 점이다.

솔직히 비행기 통로에서 마주칠 때마다 미소 띤 얼굴로 눈인사를 하는 모습에 아주 살짝 설레기는 했다. 그 설렘을 나만 느꼈겠는가. 그는 마주치는 거의 모든 사람에게 그렇게 눈인사를 했고, 매너 있는 말투와 낮은 톤의 부드러운 목소리로 상대방을 매료시켰다. 그의 주변에 앉은 여성 승객들은 비행 내내 다니엘 헤니를 힐끔힐끔 쳐다보았고, 그가 일어나서 화장실이라도 갈라치면 곁눈질로 그의 모습을 스캔했다. 급기야 첫 번째 식사를 마치고 영화를 보는 시간에 한 여성 승객이 나에게 다가왔다.

"저… 진짜 미안한데 다니엘 헤니랑 사진 한 번만 찍게 해주면 안 돼요? 너무 떨려서 내가 직접 말을 못하겠어요. 창피하기도 하고. 대신 가서 얘기 좀 해주면 안 돼요?"

"아, 알겠습니다. 한번 말해볼게요. 하지만 안 될 수도 있으니 너무 기대하지는 마시고요."

"그럼요, 알죠. 안 돼도 좋으니 말만이라도 한번 해주세요."

나는 곧장 그에게 갔다. 다행히 그는 책을 읽고 있었다.

"실례합니다. 정말 죄송한데요. 비즈니스클래스의 한 승객께서 다니엘 헤니 씨와 사진 한 장 꼭 찍고 싶다고 하시는데 어떻게 할까요? 부담되시면 거절하셔도 됩니다. 편하게 말씀해주세요."

그는 조금 곤란한 표정을 지었다.

"저… 지금은 좀 곤란한데요."

"아, 괜찮습니다. 제가 승객분께도 미리 말씀해두었어요. 그러니 부담 갖지 마세요."

"아니, 그게 아니고…. 지금은 좀 곤란하고, 제가 준비되면 다시 말씀드릴게요."

준비? 무슨 소리인지 이해할 수 없었지만, 그렇다고 그게 무슨 뜻인지 다시 설명해달라고 할 수는 없기에 알겠다며 자리를 떠났다. 그렇게 몇 분이 지났을까? 갤리에서 두 번째 식사 준비를 하고 있는데 낮은 톤의 다니엘 헤니 목소리가 들렸다.

"실례합니다. 사진 찍을 준비됐어요. 그 승객이 누구시죠?"

어머, 이렇게 멋진 사람을 보았나! 몇 분 동안 머리도 다시 빗은 듯했고, 얼굴도 더 뽀얗고 피부결도 좋아 보이는 걸 보니

배려 매너

아마 로션이나 BB크림이라도 바른 듯했다. 그리고 편안하게 입었던 티셔츠 위에 멋스럽게 셔츠를 걸쳐 입고 있었다. 그가 말한 준비가 바로 이것이었다. 팬과 찍은 사진이 수백 수천 장은 될 텐데, 팬들에게 남겨질 사진 한 장 한 장을 모두 소중하게 여기는 마음, 팬과의 만남을 준비하는 그 매너가 참으로 남달랐다. 이런 매너가 그를 더 빛나 보이게 하는 이유였던가 보다. 매너는 그렇게 사람 자체를 빛나게 한다.

내가 조금 불편하면 매너가 된다

나이 마흔이 넘어서도 어머니한테 혼나는 일이 다른 집에서도 흔한지 잘 모르겠다. 우리 어머니가 워낙 엄한 분이라서 더 유별나신 건가? 다른 어머니를 어머니로 모시고 산 적이 없으니 다른 집은 어떤지 모르겠다.

어머니는 항상 공공질서, 예의에 대해 어렸을 때부터 엄격히 가르치셨다. 웃어른께 인사하는 건 물론이고 엘리베이터에서 마주치는 모든 사람들에게 인사 잘 하라고 항상 강조하셨다. 항공사 승무원 시절 유니폼을 입고 출퇴근할 때면 엘리베이터에서 마주치는 아파트 주민분들은 항상 물어보셨다.

"어디 외국 가나 보다. 오늘은 어디 가요?"

뉴욕이나 파리, 또는 시드니라고 그날의 스케줄을 얘기하면 항상 똑같은 대답이 돌아왔다.

"어머~ 좋겠다! 부럽다!"

사실 사람들이 무심코 던지는 '부럽다'라는 말은 나뿐만 아니라 다른 승무원들에게도 듣기 좋은 소리는 아니다. 이 문제 때문에 남자 친구와도 싸우기 일쑤였다. "내일 비행은 어디야?"라고 물어서 하와이다, 라스베이거스다, 런던이다 대답하고 나면 남자 친구도 엘리베이터에서 마주치는 주민들과 똑같은 반응을 보였다.

"부럽다."

그러면 난 갑자기 굳은 표정으로 성질을 확 부렸다.

"내가 놀러 가?"

그러고는 남자 친구가 대응할 틈도 없이 쏘아붙였다.

"나는 14시간 15시간을 걸어서 뉴욕에 가는데 너 걸어서 뉴욕 가봤어? 어떤 때에는 14시간 동안 한 번도 자리에 앉을 수 없다고! 그렇게 바쁘다고! 알지도 못하면서. 넌 여자 친구가 얼마나 힘들게 일하는지 모르지?"

　　　　　　　　　　　　배려 매너

나도 남자 친구가 얼마나 힘들게 일하는지 모르긴 하지만, 내가 비행을 간다는데 부럽다고 하면 정말 서운했다. 남자 친구한테야 부럽다는 한마디로 쏘아붙일 수 있지만 아파트 주민들께는 그럴 수도 없고, 그냥 어색한 미소만 지을 뿐이었다.

하루는 밤을 꼴딱 새고 일한 뒤 캐리어를 끌고 터덜터덜 아파트 입구로 들어오는데, 그때가 마침 초등학생들 등교시간이었는지 여덟아홉 살 정도 되어 보이는 남자아이들 두세 명이 나에게로 달려오면서 큰 소리로 외쳤다.

"와, 비행기 아줌마다!"

뭐라고? 아줌마? 가뜩이나 피곤해 죽겠는데 웬 꼬마들이 와서 성질을 돋우지 뭔가. 밤을 새고 비행을 한 터라 다크서클이 턱 밑까지 내려오고 초췌한 모습이어서 이 아이들이 아줌마라고 놀리나 싶어 더 서글퍼졌다. 집으로 돌아온 나는 유니폼을 벗으며 어머니에게 하소연했다.

"엄마, 유니폼 입고 출퇴근하는 거 너무 불편해. 보는 사람마다 어느 나라 가냐고 물어보고. 오늘은 꼬마 애들이 나 보고 비행기 아줌마다~ 이러는 거 있지? 피곤해 죽겠는데 짜증나!"

난 어머니가 내 말에 동조해주고 편들어주길 바랐는데 어머니의 반응은 내 기대와 달랐다.

"복 털어내는 소리 하지 마. 니가 유니폼 입고 출퇴근하는 모습을 사람들이 얼마나 부러워하는지 알아? 감사한 줄 알아야지. 부럽고 좋으니까 괜히 너한테 말 붙이고 싶어 그러는 건데, 감사한 줄도 모르고 떽떽거려서 되겠어? 누가 물어보면 친절하고 예쁘게 답해 드려."

누가 승무원인지 당최 모를 정도로 어머니는 예의와 미소, 예쁘게 말하는 것을 상당히 중요하게 생각하셨다. 불과 얼마 전에는 이런 일도 있었다. 어머니와 함께 성당 미사에 참석했는데, 그날 따라 에어컨 바람이 너무 강하게 얼굴로 들이쳤다. 우리 모녀가 자리를 잘못 잡은 탓이긴 했다. 에어컨 바로 앞자리에 앉았으니 말이다. 미사 시간이 1시간가량 되는데, 처음 30분 정도는 참아보았는데 30분을 넘기니 머리가 얼어붙는 것 같았다. 사상 초유의 불볕더위, 가마솥더위가 기승을 부린 탓인지 에어컨도 낮은 온도로 가장 강하게 틀어놓은 듯했다. 나는 더 이상 견디지 못하고 미사시간 40분이 되어갈 무렵 에어컨 바람의 방향이 위를 향하도록 날개를 조정했다. 그 모습을 본 어머니는 내게 엄한 목소리로 속삭이셨다.

"니가 춥다고 여기 있는 모든 사람들이 다 추운 건 아니야. 에어컨에서 멀리 떨어져 앉은 사람들은 지금도 얼마나 덥겠

배려 매너

니? 빨리 원상복귀시켜놔!"

하는 수 없이 다시 내 머리 위로 날개 방향을 내렸다. 그렇게 얼굴이 얼어터지기 일보 직전, 미사는 끝났고 에어컨은 꺼졌다. 그리고 어머니는 다시 잔소리를 시작했다.

"왜 그렇게 이기적으로 너만 생각해? 그게 얼마나 매너 없는 행동인지 몰라?"

"내가 오죽 추웠으면 그랬겠어?"

"추우면 너만 조용히 뒷자리로 가서 앉으면 되지, 왜 에어컨을 니 마음대로 콘트롤해? 공공장소에서 많은 사람들을 위해서 틀어놓은 걸 왜 니 마음대로 바꿔? 그건 아주 올바르지 않은 행동이야. 다른 사람들은 다 더워하는데 너만 춥다고 어떻게 그런 행동을 하니?"

나도 나름 서비스과 교수인데 어머니한테 매너 없는 사람 취급을 당하니 자존심이 상했다.

"너무 추우니까 그렇지. 그리고 날개 조금 올렸을 뿐인데 그게 뭐 그리 대수로운 일이라고 그래?"

사실 나도 내가 한 행동이 그리 올바른 일은 아니라는 걸 알았지만 인정하지 않고 버텼다. 그랬더니 어머니는 금세 내 머릿속을 읽으셨다.

배려 매너

"잘못했으면 그냥 잘못했다고 인정해."

매너라는 게 참 어렵다. 매너를 가르치고 책을 쓰는 나도 어렵다. 왜냐하면 머릿속으로는 다 아는데, 막상 내 일로 닥치면 지키기가 쉽지 않기 때문이다. 돌이켜 생각해보면, 누군가 에어컨을 마음대로 끄거나 바람의 세기를 줄이면 '저 사람 진짜 이기적이다! 뒤에 있는 사람들은 다 더워하는데 자기만 춥다고 에어컨을 끄다니….' 하면서 투덜댔던 적이 분명히 있었다. 내가 하면 로맨스, 남이 하면 불륜이라더니 이게 내 얘기가 될 줄은 몰랐다.

누군가와 속도를 맞춘다는 것

여중 여고를 졸업하고, 대학교도 여학생들만 있는 학과를 졸업하고, 여성이 대다수인 항공사 승무원으로 근무하면서 한 번도 나의 식사 속도가 느리다고 느껴본 적이 없었다. 오히려 객실 승무원으로 근무하면서 승객들의 주문이 끊이지 않아 잠시 앉지도 못하고 선 채로 대충 끼니를 해결할 때가 많아 먹는 속도가 다른 사람에 비해 굉장히 빠르다고 생각했다. 승무원 시절 갤리에서 하는 식사는 맛을 음미하기 위해서가 아니라 허기를 빨리 채우고 일을 하기 위해, 즉 살기 위해 먹는다고 해도 틀린 말이 아닐 정도였다. 그런데 항공사를 나와 다양한 분야의 사람들과 식사 자리를 가지면서, 특히 남성들과 식사를 하면서 어려움을 겪은 적이 한두 번이 아니다.

남성들 대부분의 식사 속도가 너무 빨랐기 때문이다. 그래서 식사 초반에는 아무 생각 없이 먹다가 점점 허겁지겁 먹게 되고, 결국에는 다 먹지도 못하고 숟가락을 내려놓을 때가 수차례였다. 물론 상황에 따라 하염없이 숟가락을 들고 있는 것이 민폐일 때도 있다. 식사 이후 빠르게 이동해야 한다든지, 일하는 도중에 잠깐 시간을 내서 식사하는 상황이라든지, 식사 이후 해야 할 일이 남아 있다면 당연히 눈치껏 빨리 먹어야 한다. 그런데 그런 상황이 아닌데 담배를 피워야겠다며 먼저 일어나 나가버리는 일행, 또는 본인은 식사를 다 마쳤다며 이쑤시개나 치실로 이 청소를 하는 상대방이 있다면 식사가 끝나지 않은 사람 입장에서는 조금 불편할 수도 있다. 서로서로 상황에 맞춰 식사 속도를 맞추는 것도 좋은 매너다.

식당에서 타인과 먹는 속도를 맞추는 것처럼 노래방에서도 다른 사람과 템포를 맞춰야 한다. 지인 중에 노래를 가수 뺨치

배려 매너

게 잘하는 분이 계시다. 그분은 노래뿐만 아니라 악기 연주도 기가 막히게 잘하고, 외모도 뛰어나서 어디에 가든 그야말로 인기 짱이다. 평소에 매너도 좋고 업무 능력도 출중하여 존경하는 분인데 그분에게 딱 한 가지 단점이 있으니, 바로 노래방에만 가면 마이크를 안 놓는다는 것. 다른 사람이 노래할 기회를 아예 차단해버린다. 심지어 다른 사람이 노래할 때에도 갑자기 본인이 마이크를 가로채 더 크게 불러댄다. 이런 행동은 상대방의 기분을 상하게 하거나 김빠지게 만들기 일쑤다. 그래서 조심스럽게 제발 노래방 마이크를 독식하지 말라고 수차례 얘기했지만 그 말만큼은 잘 들어주지 않는다.

한 번은 협력관계에 있는 기업의 관계자들과 기분 좋게 식사를 하고 2차로 노래방을 갔는데, 노래방에 들어가자마자 마이크를 쥐더니 열 곡 정도를 줄줄이 예약해버리지 뭔가. 상대방이 어이없어 하는 건 당연했다. 혼자 분위기에 취해 상대방의 표정을 읽지 못하고 실수를 저지른 것이다. 사람들이 "노래 정말 잘하시네요!"라고 칭찬하자 더 신이 나서 열창을 하며 단독 콘서트를 만들어버리니 누가 말릴 수도 없었다.

20대 시절, 누군가 나에게 이런 말을 했다. 연애도 속도를 맞추어 가는 것이 중요하다고. 상대방은 첫발을 어렵게 내딛었는데 나만 혼자 100미터 앞에 가 있으면 안 된다고. 그런데 연애에서 그 속도 조절이 난 참 어려웠다. 상대방을 사랑하는 마음이 너무 크다 보면 나 혼자 100미터 앞, 아니 1000미터 앞에 먼저 가서 왜 빨리 오지 않느냐며 손짓하고, 기다리다 지쳐 결국 내가 먼저 나가떨어지기도 했다.

누군가와 템포를 맞추어 나아가는 것, 같이 손을 잡고 눈을 맞추고, 상대의 마음을 헤아리려가며 속도를 맞추어가는 것. 그것 또한 우리가 살아가는 데 가슴에 새길 한 가지 매너다.

누군가의 일상을 배려하는 태도

막내 승무원이 맡아서 하는 일 중 하나는 화장실 청소다. 매번은 아니지만 승객 한 분 한 분이 사용하고 나면 승무원이 들어가 화장실 비품을 채워 넣고 세면대나 거울 등을 깨끗이 닦고 방향제를 뿌린다.

승객이 화장실을 사용하고 난 후 들어가보면 그 모습이 참 각양각색이다. 최악의 경우는 너무나 지저분하게 뒤처리를 하고 나온 경우다. 예를 들어 마치 비행기 화장실에서 샤워를 한 것처럼 바닥을 온통 물바다로 만들어놓고 나오는 승객들이 있다. 지금도 난 이해할 수가 없다. 비행기 화장실 바닥을 그렇게 물로 흥건히 적실 일이 무엇일까? 항공사마다 조금 다르겠지만, 대부분의 대형 항공사에서 장거리 비행을 갈 때에는 이코노미클래스 승객들의 편의를 위해 부직포로 만든 일회용 덧신이나 슬리퍼를 제공한다. 그런데 그렇게 물이 흥건한 화장실에 그 덧신을 신고 들어가면 금세 발바닥이 젖어버린다. 기분은 굉장히 찜찜해질 테고 말이다.

세면대에 비누거품이나 양치질한 흔적들을 고스란히 남기고 나오는 경우도 허다하다. 화장실을 지저분하게 썼다면 종이타월로 물기 있는 바닥이나 세면대, 거울 등을 한 번이라도 닦고 나오면 다음 사람이 사용하는 데 불쾌감을 주지 않는다.

하지만 이런 승객들과는 반대로 매너 좋은 분을 만나기도 했다. 그날도 난 화장실을 청소하려고 4개의 화장실이 모여 있는 구역에서 대기하고 있었다. 승객 한 분이 화장실을 사용하고 나오시면 내가 바로 가서 청소를 하고 승객이 기다리면 비어 있는 화장실로 안내했는데, 70대 후반에서 80대로 보이는 백발의 노부부가 화장실 앞에 줄을 서 계셨다. 얼른 비어 있는 화장실로 안내해드렸더니, 할아버지가 먼저 들어가셔서 변기 뚜껑을 열고 좌변기를 티슈로 닦더니 할머니에게 다정하게 말씀하셨다.

"할멈, 이리로 와."

할머니는 아무렇지 않은 듯, 늘 그랬다는 듯 "응, 고마워요." 하시며 화장실로 들어가셨다. 할아버지는 할머니가 화장실에서 나오실 때까지 문 앞에서 기다리시다가 할머니가 나오시자 손을 잡고 자리로 돌아가셨다. 벌써 20년도 넘은 일이지만 너무나 인상 깊었기에 그 장면이 지금도 또렷이 기억에 남아 있다. '나도 저런 남자 만나 결혼해야겠다!'라는 결심이 설 정도였다. '저 할머니는 평생을 저렇게 할아버지에게 사랑받으며 살아오셨겠지?' 이런 생각이 드니 할머니가 너무 부러웠다. 비행에서 돌아온 후 이 얘기를 지인들에게 했더니 "재혼하신 지 얼마 안 된 거 아냐?" "그 할아버지가 최근에 할머니한테 엄청 잘못한 게 있나 보지." 하는 반응들이었다.

그러나 난 그렇게 믿고 싶지 않다. 할머니가 사용할 공중화장실의 변기까지 신경 써주는 할아버지. 나의 이상형이 되어 버렸다.

배려 매너

사과할 줄 아는 용기가 매너다

내가 살고 있는 아파트는 지어진 지 20년이 넘었다. 그러다 보니 주거환경은 참 좋은데 다른 아파트에 비해 지하 주차장 공간이 협소하다. 그래서 보통은 외부 주차장을 많이 사용하지만 그마저도 공간이 충분하지 않아 주차된 차 앞에 다시 또 일렬로 주차해야 한다. 그러다 보니 일찍 출근하고 늦게 퇴근하는 나는 기어를 중립에 두고 일렬주차를 한다. 그렇게 해놓아도 겨울에 눈이 쌓이면 차가 밀리지 않는다고, 때로는 차를 밀 공간조차 없다고 차를 빼달라며 인터폰으로 연락이 오는 경우가 많다.

얼마 전, 아침 일찍 출근을 해야 해서 새벽 5시 알람을 듣고 막 일어나려는데 휴대전화가 울렸다. 모르는 번호라 받을까 말까 고민하다가 받았는데 어떤 아저씨의 퉁명스런 목소리가 들려왔다.

"차 좀 빼주세요!"

"차요? 그냥 미시면 될 텐데요."

나 또한 일어나자마자 받은 전화라 잠긴 목소리로 답했다.

"차가 안 밀리니 그러죠! 일렬주차를 해놓고 파킹 기어에 놓으면 어떻게 합니까?"

아저씨가 짜증스런 목소리로 소리쳤다.

"차가 안 밀린다고요? 그럴 리가 없는데…."

지난 십여 년을 일렬주차하며 늘 기어를 중립에 놓아왔기에 기어를 파킹에 해놓았을 리가 없다. 이상한 일이었다. 그러나 원숭이도 나무에서 떨어지기도 하니 실수했을 수도 있다는 생각이 들었다.

"죄송하지만 제가 준비하고 내려가는 사이에 경비 아저씨랑 한번 같이 밀어보시면 안 될까요? 제가 경비 아저씨께 연락해 놓을게요."

"알겠어요!"

나는 즉시 인터폰으로 경비 아저씨께 연락을 취했다.

"아저씨, 새벽시간에 죄송한데요. 제 차가 안 밀린다고 전화가 왔어요. 아마 제 차 앞에 어떤 아저씨가 서 계실 거예요. 같이 차 한 번만 밀어주실래요? 저도 금방 내려갈게요."

"아, 알겠어요. 걱정 말아요!"

주차장이 보이는 창가에서 보니 경비 아저씨가 내 차 앞으로 나와 두리번두리번하더니 다시 경비실로 돌아가는 모습이 보였다. 이내 인터폰이 왔다.

배려 매너

"아가씨, 아가씨 차 앞에 아무도 없는데요?"

"그래요? 이상하다. 제가 다시 그분께 전화드려 볼게요."

난 옷을 입다 말고 즉시 휴대전화 통화 버튼을 눌렀다.

"아저씨, 혹시 경비 아저씨 못 만나셨어요?"

"경비 아저씨 안 왔어요!"

"제가 지금 창문으로 제 차 보고 있는데 어디 계세요? 혹시 차 안에 계세요?"

"아니요. 지금 아가씨 차 앞에서 전화하고 있는데 무슨 소리예요? 경비도 안 나타났다니까!"

순간 뭔가 이상하다 싶은 생각이 들었다. 왜냐하면 나는 내 차 앞 유리에 휴대전화 번호를 남겨두지 않았기 때문이다.

"혹시 아저씨, 제 차 번호 보이세요? 말씀해주실래요?"

"○○○○이요."

순간 온몸에 힘이 죽 빠져나가는 듯했다.

"아저씨, 그 차 제 거 아니에요. 전화 잘못 거셨어요."

"아, 그래요?"

그러더니 전화를 팍 끊어버렸다. 한 번 더 몸에 힘이 빠졌다. 새벽 5시에 전화해서 차 빼달라고 짜증을 부리더니, 본인이 전화를 잘못 걸어놓고는 미안하다는 말 한마디 없이 전화를 그렇게 매몰차게 끊어버리다니. 새벽부터 상했던 마음은 오전까지 계속되었다. 혹시 미안했다는 문자 메시지라도 오지 않을까 기다렸지만 욕심이었다. 미안하다는 말 한마디만 해주었다면 나도 쿨하게 괜찮다고 했을 텐데….

아무리 사소한 일이라도 누군가에겐 하루를 망치는 불쾌한 경험일 수 있다. 사람은 누구나 실수한다. 그랬을 때 자신의 실수를 인정하고 상대에게 사과하는 건 생각보다 어려운 일이다. '별일도 아닌데, 뭐.' '다시 만날 사이도 아닌데 그냥 넘어가자.' 이런 마음이 든다. 하지만 아주 작은 실수라도, 또는 상대와 다시 만날 일이 없다 하더라도 실수한 부분에 대해서는 정중히 사과해야 한다. 그건 상대에 대한 배려이자 숨어버리거나 무시하고 싶은 내 마음에 대한 용기다. 그리고 그 용기가 곧 매너다.

이 세상에 당연한 것은 없다

내가 알고 있는 사람 중에서 가장 배려심 깊다고 생각하는 친오빠와 매너에 관한 이야기를 나누던 중 이런 얘기를 들었다.

배려 매너

"요즘 우리 동네에 있는 작은 박물관에도 외국 사람들이 종종 보이더라. 난 거기에서 특이점을 하나 발견했어."

"뭔데?"

"너도 알다시피 나는 뒤따라오는 사람을 위해 문을 잡아주는 편이잖아."

그랬다. 나는 성격도 굉장히 급하고 답답함을 못 견디는 사람인데, 그에 반해 오빠는 세상 느긋하고 평화롭고 웬만해서는 흥분을 안 하는 사람이다. 그래서 오빠의 평소 행동에 대해 잘 알고 있다. 오빠는 상대방을 위해 문을 열어주고, 사람들이 다 지나가면 그제야 갈 길을 간다.

"오빠야 늘 그렇지. 근데 뭐가 특이하다는 거야?"

"외국 사람들의 반응 말이야. 외국인들은 문을 잡아주면 다들 고맙다고 인사하고 가거든. 열 명이 지나가면 열 명이 다 고맙다고 인사해."

"당연한 거 아니야?"

"무슨 소리야. 우리나라 사람들은 문 잡아주잖아? 그럼 그냥 쓱 지나가버려. 당연하다는 듯이."

오빠 말을 듣고 보니 진짜 그런 것 같기도 했다. 내 기억에도 그랬다. 비행기에서 내리는 손님들에게 "감사합니다. 다음에 또 뵙겠습니다. 즐거운 여행되십시오!"라고 인사하면 대부분의 외국인 승객들은 눈을 바라보면서 고맙다고, 수고했다고 웃으며 인사한다. 그러나 한국인 승객들의 반 정도는 "감사합니다." "수고하세요"라는 말을 본인이 나가야 할 방향 어딘가를 보며 허공에 대고 말한다. 그마저도 안 하는 승객이 반을 차지한다.

인사를 주고받을 때 서로의 눈을 바라보는 건 기본이다. 그럼에도 이렇게 스치듯 인사하는 상황에서는 잘 지켜지지 않는다. 왜 그럴까? 타이밍을 잡기 힘들어서? 쑥스러워서? 그런 말을 원래 잘 하지 않아서? 고맙지 않아서? 아니면 승무원은 당연한 임무를 한 것이니 고마워할 이유가 없어서? 승무원에게 그러는 건 본인이 돈을 주고 그 항공사 직원의 노동력을 샀다고 생각하니 그렇다고 치자. 그렇다면 왜 출입문을 잡아주는 상대에게는 감사하다는 말을 하지 않는 걸까?

우리는 모두 알고 있다. 당연히 인사해야 한다고. 그러나 우리는 잘 실행하지 않는다. 그동안 표현을 잘 안 하고 살았기 때문이다. 이 비유가 적합한지 모르겠지만 시집가면 귀머거리 3년, 벙어리 3년, 장님 3년이라는 말이 있다. 들어도 못 들은 체, 알아도 모르는 체, 봐도 못 본 체하며 지내라는 말이다. 우

배려 매너

리나라의 가부장적인 문화가 고스란히 배어 있는 말이다. 이런 문화에서 자란 탓인지 우리는 표현에 인색하다. 물론 고마움을 표현하는 데만 국한된 성향은 아니다.

마케팅적인 측면에서도 그렇다. 한 조사에 따르면 승객들의 50퍼센트는 불만족한 서비스를 받더라도 불평하지 않는다고 한다. 45퍼센트의 승객들은 응대받고 있는 직원에게 즉시 불만을 표현하고, 1~5퍼센트 승객만 기업 본사, 또는 경영진에게 불만을 표현한다고 한다. 그럼 50퍼센트의 승객들은 왜 표현하지 않을까? 여러 이유가 있겠지만, 이런 일에 내 시간과 에너지를 소비하기 귀찮고, 내가 불평한다고 해서 이 회사의 서비스가 바뀌지 않을 거라고 생각하기 때문이다. 이 조사 결과는 미국의 경우이니 우리나라는 불만을 표현하는 비중이 훨씬 더 적을 것이다.

종합편성채널이 생기고 난 뒤 연예인들, 또는 연예인에 비할 만큼 유명한 의료인들이나 법조인들이 방송에 많이 출연한다. 그들이 살아가는 모습은 우리와 조금 다르지 않을까 하는 호기심에 몇 번 프로그램을 시청한 적이 있는데, 그들 역시 우리와 비슷하게 살아가고 있었다. 하루는 유명한 의사가 방송에 나와 이런 얘기를 했다.

"나는 원래부터 집안일을 참 잘 했거든요? 와이프가 전업주부이긴 하지만 그래도 애 키우며 살림하는 게 얼마나 힘들겠어요. 그래서 주말마다 설거지도 하고 빨래도 널고 청소도 했죠. 근데 이제 안 합니다!"

아나운서 출신의 진행자가 처음에는 환한 미소를 지으며 듣다가 깜짝 놀라 물었다.

"왜요? 무슨 일이 있으셨어요?"

그 의사는 갑자기 경직된 표정으로 말을 이었다.

"제 와이프가 처음에는 말이죠. 평일에 병원일도 하는데 주말에는 좀 쉬어야 하는 것 아니냐며 집안일을 못하게 했어요. 그런데 요즘은 내가 주말에 친구들과 골프 약속이라도 잡으면 집안 대청소 안 하고 어딜 가냐며 언짢아하는 거예요. 요즘은 본인이 집에 있으면서도 주말에 나 시키려고 일을 쌓아두더라고요. 어느 순간부터 아주 당연하게 생각하고 있는 것 같아요. 와이프에게 무슨 보상을 바라고 한 일은 아니었지만, 그래도 너무한 거 아닙니까?"

속사포 랩을 하듯, 억울함이 가슴에 가득 쌓여 있는 듯 불만을 쏟아냈다.

종합병원에 가보라. 이 세상에 아픈 사람이 얼마나 많은지.

내가 아픈 곳 없이 사지 멀쩡하게 살아가는 것만으로도 감사한 일이다. 뉴스를 보면 어떤가. 하루에도 수많은 사람들이 사고로 다치고 목숨을 잃는다. 출근해서 그날 집으로 평안히 퇴근하는 것만으로도 우리는 어쩌면 기적의 삶을 살고 있는 것인지 모른다.

이 세상에 '당연'한 것은 없다. 내가 누리고 있는 모든 것이 당연하지 않으며, 상대방이 나를 위해 배려해주는 몸짓 하나하나, 말 한마디 한마디 또한 당연하지 않다. 그것에 감사해하고, 그 마음을 표현해주는 것만으로도 우리의 삶은 풍요로워질 수 있다. 지금이라도 늦지 않았다. 혹시 내 주위 사람들에게 놓치고 지나간 감사인사는 없었는지 곰곰이 생각해보자. 그리고 지금이라도 휴대전화를 들자.

규칙만 지켜도 매너남녀

비행기 기내는 다국적 사람들이 함께 모여 많은 시간을 보내는 거의 유일한 공간이다. 국적이 다양해서인지 특이하게도 항공기에서는 개인의 행동 하나가 그 나라의 국민성을 대표하기도 한다. 예를 들어 일행과 시끄럽게 떠드는 중국인 단체 승객이 있으면 중국 사람들은 원래 시끄럽다고 단정 짓고, 러시아행 비행기에서 금발 남자가 술을 주문하면 "러시아 사람들은 원래 술을 많이 마셔. 보드카로 추위를 이긴다고 하잖아"라며 성급한 일반화의 오류를 범하기도 한다. 요즘은 인천공항에 수많은 외국 항공사들이 취항하고, 국내 항공사보다 저렴한 항공권으로 홍보하는 외국 항공사가 많아 승객들의 이용 비율도 부쩍 늘었다. 외항사를 타면 그들 눈에도 우리 모습이 대한민국 국민들의 일반적인 이미지가 될 것이다. 그러니 안전은 물론이고 서로가 서로에게 나쁜 이미지를 주지 않기 위해서라도 기내 매너를 알아두면 좋다.

　기내에서는 무엇보다 객실 승무원의 지시에 잘 따라야 한다. 항공 안전과도 연관되어 있기 때문이다. 탑승할 때에는 항공기 입구에서 승객들에게 환영인사를 하는 승무원에게 탑승권을 보여주어야 한다. 탑승권 확인은 객실 승무원의 임무다. 이 절차는 단지 승객의 좌석이 어디인지 가르쳐주기 위한 절차가 아니라, 비행일자와 편명이 정확히 맞는지 확인하는 절차이므로 반드시 거쳐야 한다. 간혹 텔레비전 뉴스나 신문기사에서 비행기를 잘못 타서 엉뚱한 목적지에 도착했다는 믿지 못할 이야기를 접하곤 한다. 게이트 앞에서 기계와 지상직원이 탑승권을 확인하고, 탑승 후 기내에서 승무원이 확인을 하는데도 이런 일들이 실제로 벌어진다. 그러니 탑승권을 확인하는 승무원의 업무에 협조하는 게 혹시 일어날지 모르는 일을 예방할 수 있다. 그런데 탑승권을 확인할 때 승객과 실랑이가 벌어지는 경우가 간혹 있다.

"안녕하십니까. 어서 오십시오! 탑승권을 보여주시겠습니까?"

"내 자리 어딘지 알아요."

"자리를 확인하기 위해서가 아니라 오늘 날짜와 편명을 정확히 확인하는 절차이기에 육안으로 확인하고 있습니다. 협조해주시기 바랍니다."

"거참 귀찮게 하네. 가방 깊숙이 넣었다고요! 내가 내 자리다 알고, 이 비행기 타는 사람 맞으니까 귀찮게 하지 말아요!"

"승객님 정말 죄송합니다만, 그래도 제가 직접 확인해야 합니다. 협조 부탁드립니다. 탑승권을 보여주시기 바랍니다."

"거참, 내가 누군지 알아?"

이 말이 나오면 이때부터 아주 시끄러워지는 상황이 연출될 가능성이 높다. 승무원들은 그가 누군지 전혀 모르고, 알고 싶지도 않다. 단지 승객의 탑승권을 확인하고 싶을 뿐이다. 실제로 우리나라 항공법에 따르면 해당편의 항공권을 승무원에게 제시하지 않을 경우 탑승 거부까지 할 수 있다. 그러니 서로 얼굴 붉히는 일이 일어나지 않게 협조해야 한다.

그다음은 정해진 좌석에 앉는 일과 연관된 매너다. 자리를 배정하는 과정은 '웨이트 앤드 밸런스weight and balance', 즉 항공기 안전을 위해 무게중심을 적절히 분배하는 일과도 연관되어 있다. 또한 탑승 전 기내식을 따로 주문하는 승객, 기내 면세품을 미리 주문하는 승객 등 비행 중에 승무원들이 서비스를 추가해야 하는 경우 발생할 안전과 원활한 서비스와도 연관되어 있다. 따라서 정해진 좌석에 앉아야 한다. 부득이하게 좌석을 옮기고 싶다면 이동하기 전에 승무원에게 알려주어야 한다. 또한 본인의 짐은 지정된 곳에 보관해야 한다. 지정된 장소란 본인 좌석 위에 있는 선반Overhead Bin을 말한다. 하지만 깨지기 쉬운 유리병이나 흐를 수 있는 액체류가 담긴 병 등은 보관하지 않아야 한다. 이런 류의 물건을 보관하고 싶다면 삼면이 막힌 좌석 하단에 넣는 게 좋다.

이착륙 시, 그리고 비행기가 흔들릴 때는 반드시 좌석벨트를 해야 한다. 완전히 이륙한 이후 안전고도에 다다르면 좌석벨트 등이 꺼지는데, 이때부터 화장실도 가고 선반에서 가방도 꺼낼 수 있다. 본인의 짐을 좌석 앞에 두는 건 크게 상관없지만 옆 자리에 앉은 사람이 지나다니는 데 불편을 주면 안 되며, 특히 비상구 앞좌석에 앉은 승객이라면 비상구 앞에 본인의 짐을 두면 안 된다. 혹시 모를 비상사태를 위해 비상구 주변은 항상 깨끗하게 유지되어야 하기 때문이다. 가끔 기내에서 전자담배는 피워도 되지 않느냐고 물어보는 승객들이 있는데, 안 될 말이다. 비행기에서는 어디서든 절대 금연!

마지막으로 하나 더. 나의 사랑하는 반려견이 다른 사람들에게는 무섭고 위협적인 동물일 수도 있다는 걸 알았으면 좋겠다. 비행기에 애완견을 동반하려면 케이지에 넣어야 하고, 비행 중에는 절대 케이지 밖으로 꺼내면 안 된다. 문제는 이 규칙이 잘 지켜지지 않는다는 점이다. 사실 나는 어렸을 적부터 심하게 앓고 있는 트라우마가 하나 있다. 바로 강아지 트라우마다. 믿기지 않겠지만 난 아무리 작은 강아지라도 너무 무섭다. 강아지를 만져본 적도 없다. 초등학교 시절에도 친구 집에 놀러가기 전에 항상 물어보는 말이 "너희 집에 개 있어?"였다. 있다고 하면 그 친구네 집은 절대 안 갔다. 아무리 친해도 안 갔다.

여섯 살 때 혼자 길거리를 걷고 있는데 강아지 한 마리가 내 뒤를 졸졸 따라왔다. 뒤를 힐끔힐끔 보니 강아지도 나를 쳐다보며 내 뒤를 계속 쫓아왔다. 너무 무서워진 나는 앞만 보고 마구 달리기 시작했다. 그랬더니 뒤따라오던 강아지가 "왈왈! 왈왈!" 짖으며 같이 뛰기 시작했다. 너무 무서워서 전력질주를 다했고, 강아지도 질세라 계속 따라왔다. 지금도 그 상황을 생각하면 소름이 끼친다. 나는 결국 한 번도 가본 적이 없는 가게에 무조건 들어가 울며 소리쳤다.

"아줌마, 나 좀 살려주세요! 개가 쫓아와요!"

다행히 주인집 아주머니가 개를 쫓아주셨고, 나는 한참을 그 가게에서 울었다. 그 기억이 지금도 너무나 생생하다. 기억력이 좋은 사람도 아닌데, 초등학교 이전의 기억은 그 기억이 거의 유일하다고 할 정도로 너무나 강하게 머릿속에 박혀 있다. 그날 이후 난 개를 무서워하기 시작했다. 개의 크기는 전혀 상관없다. 개는 무조건 무섭다.

보호자에게는 가족 같은 반려견이겠지만 타인은 그렇게 생각하지 않을 수도 있다는 점을 부디 인지해주시기 바란다. 특히 비행기처럼 좌석이 촘촘히 밀착되어 있는 공간에서는 더더욱 케이지 밖으로 개를 꺼내면 안 된다. 타인에게 위협이 되거나 개털 알레르기 반응을 보이는 승객도 있기 때문이다. 그러

　　　　　　　　　　　　　배려 매너

나 일부 승객들은 자신의 반려동물이 비행 내내 케이지에 갇혀 있는 게 불쌍하다며 승무원 몰래 케이지 밖으로 꺼내 안아주고 간식을 먹인다. 분명 반려동물을 항공기 내로 반입하기 전에 안내사항을 전달받았을 텐데 말이다. 한 번은 몰래 꺼냈던 반려동물이 답답했던 탓인지 갑자기 보호자 품을 뛰쳐나가 비행기 통로를 마구 뛰어다니는 바람에 많은 승객들이 깜짝 놀라 소리를 지르는 소동이 일어난 적도 있다.

반려동물을 사랑하는 마음은 충분히 이해하지만, 내 반려동물이 중요한 만큼 타인도 그 반려동물을 예뻐할 수 있도록, 아니 적어도 미워하지는 않도록 기본적인 매너는 지켜야 한다. 사람들의 다양한 성향을 인정하고 이해할 줄 아는 태도가 매너의 첫걸음이다.

퍼스널 스페이스를 지켜라

비행기에서 가끔 승객과 승객 간에 분쟁이 일어날 때가 있다. 말싸움으로 시작해서 가끔은 주먹다짐으로 이어지곤 하는데, 대체 어떤 상황이 이런 폭력적인 결과로 나타나는 걸까?

믿기 어렵겠지만 좌석 등받이 때문이다. 결론부터 말하자면 이착륙 시, 그리고 식사시간을 제외하고 좌석등받이를 뒤로 젖히는 건 본인의 자유다. 다만 이착륙 시에는 비상 상황이 발생할 수 있으니 빠른 탈출을 위해 모두 원위치로 세워야 하며, 식사시간에는 뒷자리에 앉은 승객이 식사하는 데 불편할 수 있으니 원위치해야 한다. 그 외의 시간은 본인이 편하게 사용하면 된다.

다만 나 혼자 이용하는 공간이 아니므로 본인의 좌석 등받이를 뒤로 젖힐 때에는 살짝 뒤를 돌아보고, 뒤에 앉은 사람에게 '내가 지금 등받이를 조금 젖히려고 한다'라는 신호를 주면 좋다. 왜냐하면 비행기 좌석은 나의 좌석 등받이와 뒷좌석 승객이 사용하는 테이블이 일체형 구조로 되어 있어서 내가 갑자기 등받이를 뒤로 젖히면 뒷좌석 테이블에 올려놓은 음료수나 음식물이 쏟아질 수도 있기 때문이다. 그러므로 뒤를 바라보는 것은 '조심하세요'라는 신호가 될 수 있고 상대방에게 양해를 구하는 동작이 되기도 한다.

물론 앞좌석 승객이 등받이를 끝까지 젖히면 뒤에 앉은 사람은 조금 불편하다. 특히 키가 큰 분은 다리가 길어 더 불편하다. 하지만 내가 불편하다고 앞사람에게 등받이를 사용하지 말라고 할 수는 없으니, 내 등받이도 뒤로 젖히는 식으로 서로 배려해야 한다.

하지만 그럼에도 비행기는 움직일 수 있는 공간이 좁기 때문에 여러 문제가 일어난다. 실제로 이런 승객을 만난 적도 있다. 미국인지 유럽인지 정확히는 기억나지 않지만 꽤 오랜 시간 비행해야 하는 장거리 구간이었다. 한 승객이 갑자기 씩씩대며 나를 찾아왔다.

"승무원, 나 좀 봅시다!"

"네? 무슨 일이시죠?"

"줄자 있소?"

"줄자요?"

"줄자! 줄자 없소?"

"손님, 죄송합니다만 줄자는 기내에 비치되어 있지 않습니다. 실례지만 무슨 일 때문에 줄자가 필요하신지 여쭈어 봐도 될까요?"

"내 좌석 폭이 다른 사람들 좌석 폭보다 좁은 것 같아서요."

"네? 그럴 리가요. 모든 이코노미클래스의 좌석 간 간격은 동일합니다. 적어도 한 비행기 내에서는 동일합니다, 손님."

"아니라니까! 내 자리가 훨씬 좁은 것 같다니까!"

"왜 그렇게 생각하시는데요?"

"내 앞사람이 등받이를 뒤로 해서 나도 뒤로 젖혔는데, 전혀 넓지가 않고 편하지도 않아! 내 앞사람은 굉장히 넓고 편해 보이는데 말야! 분명 내 앞 좌석 공간이 더 넓다니깐. 그러니 줄자 가져와 봐요. 내가 다 재봐야겠어!"

그 이후 설명과 설득과 오랜 대화 끝에 그 승객의 마음을 겨우 가라앉히긴 했지만, 좌석 등받이 하나로 항공기 설계에 대해서까지 설명해야 했다. 물론 이해한다. 비행기 좌석에 오랜 시간 앉아 있다 보면 다리가 무척 불편하다. 수 시간 동안 계속 앉아 있어야 하고 자세를 바꾸기도 쉽지 않으니 혈액순환도 잘 안 된다. 그래서인지 많은 승객들이 앞좌석의 팔걸이에 다리를 올려놓는다. 심지어 창가 쪽에 앉는 승객들은 다리를 펴고 싶은 마음에 아예 앞좌석 팔걸이에 발을 쭉 펴고 올려놓기도 하고, 신발과 양말까지 벗고 맨발로 다른 사람의 팔걸이에 발을 올려놓는 승객도 있다. 그러니 당연히 다른 좌석 승객과 싸움이 일어난다.

그렇지 않아도 좁은 공간인데 다른 사람의 공간까지 침해하는 건 매너가 아니다. 기내가 너무 답답하고 발이 부어서 신발을 신지 못하겠다면, 맨발로 있지 말고 실내화나 슬리퍼를 따로 챙겨오는 건 어떨까? 미관상으로도 좋을 뿐만 아니라 주변 사람들에게도 불쾌감을 주지 않는 기내 매너다.

나 하나쯤이야?

기내 비치품을 몰래 가지고 나오는 사람들이 생각보다 많다. 항공기에서는 승객을 위해 다양한 서비스 물품을 제공한다. 대부분은 승객이 요청하면 무상으로 제공되는 물품들이다 (물론 항공사별로 차이는 있다). 예를 들면 귀마개, 안대, 여성용품, 1회용 칫솔과 빗, 슬리퍼는 대부분 무상으로 제공된다. 그러나 일부 물품 중에 승객들에게 제공하기는 하지만 수거하여 재사용하는 물품들도 있다. 헤드폰, 담요, 화장실 내 비치된 화장품 등이 그렇다.

그런데 지인의 집에 놀러 가면 가끔 눈에 익은 항공사 담요가 보인다. 때로는 유모차 안에 깔려 있는 항공사 담요가 눈에 띄기도 한다. 물론 요즘은 인터넷으로 판매되는 항공사 담요도 있지만, 과연 저 많은 항공사 담요가 다 돈을 주고 산 걸까 의문이 남는 건 어쩔 수 없다.

담요는 항공사의 자산이다. 사실 담요를 승무원 몰래 챙겨 나오는 행위가 항공기 안전에 큰 위협을 가하지는 않는다. 그러나 항공기 내 물품을 하나 갖고 싶다는 마음에 구명복을 슬쩍 가지고 나온다면 얘기가 달라진다. 실제로 나는 부산 해운대 바닷가에서 항공사 구명조끼를 당당히 입고 수영하는 사람을 본 적이 있다. 추측하건대, 아마 그분은 서울에서 부산으로 내려올 때 비행기를 탔으며, 그 비행기에서 본인의 좌석 하단에 비치된 구명복을 몰래 가지고 나왔을 것이다.

그런데 만약 그 비행기가 서울로 돌아가다가 있어서는 안 될 사고 때문에 바다에 비상착수를 해야 했다면 어떨까? 그 좌석에 앉은 승객은 구명조끼 없이 그 비상상황에 대처해야 한다. 생각만 해도 끔찍한 일이다.

'나 하나쯤이야'라는 생각은 매우 위험한 생각이다. 비행기에 타고 있는 대다수의 승객이 이런 생각을 한다면 그 비행기의 안전은 누구도 보장할 수 없다. 항공기에서 지켜야 할 아주 작은 매너를 지키지 않으면 사람의 생명까지 위협하는 문제가 될 수도 있음을 기억해야 한다.

배려 매너

공부를 잘한다고 매너까지 똑똑하지는 않다

얼마 전 우리나라를 뜨겁게 달구었던 '미투'라는 두 글자는 아마도 국민 모두에게 가벼운 단어로 다가오지 않았을 것이다. 나에게도 마찬가지였다. 씁쓸함을 넘어 울화통이 터지고 당사자를 붙잡아 꼭 응징해주고 싶었다. 그런데 내가 더더욱 화가 났던 건 가해자들의 사회적 위치였다. 하나같이 우리나라에서 소위 잘나간다는, 아니 어쩌면 최상위권에 있는 부류들이었다. 정치인, 교수, 작가, 의사, 심지어 검사들까지 도대체 이 나라가 어떻게 되려고 이러나 싶을 정도로 사회에 모범을 보여야 할 사람들이 부끄러운 '미투'라는 이름에 걸려 있었다. 심지어 어떤 신문에는 〈검사 임관하는 날부터 거의 매일 성추행에 시달렸다〉라는 제목의 기사가 실리기도 했다. 얼마나 부끄러운 일인가!

어렸을 적부터 우리는 이런 말을 많이 들어왔다. "훌륭한 사람이 되어야 한다!"고. 그리고 훌륭한 사람이 되려면 공부를 잘해야 한다고. 공부를 잘해서 명문대를 가야 하고, 그래서 의사가 되고 판검사가 되어야 한다고. 그러나 한 번도 그 이후에 어떤 삶을 살아야 하는지에 대해서는 배운 적도 들은 적도 없다. 사회적으로는 '훌륭'한 위치에 올랐는지 모르겠지만, 인성이 '훌륭'하지 못한 사람들은 꽤 있는 듯하다.

요즘은 '바르게 살아야 한다.' '착하게 살아야 한다'고 교육하는 곳이 종교 시설밖에 없는 것 같다. 초등학교, 아니 유치원 때부터 외국어 공부에 열을 올리고 수학 연산을 가르친다. 물론 그런 교육도 필요하지만, 그보다 선행되고 중요하게 생각해야 할 교육은 인성교육이 아닐까?

부끄럽지만 내가 가르치고 있는 학생들에게 크게 실망한 적이 있다. 내가 지도하는 학생들은 평소에 수업 태도도 너무 바르고 항상 밝은 표정과 바른 복장 상태로 수업에 임하여 늘 자랑스러운 제자들이다. 그 어떤 학과의 학생들과 비교해도, 그 어떤 명문대 학생들과 비교해도 우리 학생들의 수업 태도는 타의 추종을 불허한다고 생각하고 있었다. 서비스인으로 성장하기 위해 항상 바른 자세를 유지하라고 가르치기도 했고, 표정도 항상 밝아야 한다고 강조했기에 난 당연히 우리 학생들은 다른 수업을 받거나 어디를 가더라도 그런 자세와 태도를 유지하리라 믿었다.

하루는 다른 반 수업을 마치고 가다가 내 지도반 학생들이 수업하는 강의실을 지나치게 되었다. 작은 유리문으로 학생들의 수업 태도를 스치듯 보았는데, 그야말로 가관이었다. 어떤 학생은 엎드려 있고, 어떤 학생은 책상 밑으로 휴대전화를 사용하기도 하고, 어떤 학생은 학과 유니폼을 제대로 입지도 않고 흐트러진 복장으로 턱을 괴고 앉아 있었다. 너무 화가 나고 속상했다. 타 교수님 수업이었기에 중간에 들어가 지도할 수도 없는 상황이라 복도에서 수업이 끝나기만 기다렸다. 담당 교수님께 너무나 죄송한 마음이었다.

나는 수업이 끝나자마자 강의실로 들어가 본인 스스로 수업 태도가 좋지 않았다고 생각하는 사람들은 강의실에 남고 나머지는 나가라고 했다. 몇몇 학생들은 슬며시 가방을 싸 남아 있는 친구들에게 위로의 눈빛을 건네며 사라졌다.

"여러분 어떻게 이럴 수 있습니까? 내 수업시간에는 수업 태도도 좋고, 표정도 밝고, 유니폼도 깔끔하게 입고 오면서 어떻게 다른 교수님 수업은 이렇게 바르지 못한 태도일 수 있죠? 교수님에 대한 매너가 왜 이리 없죠?"

아직 어린 학생들이 사람을 가려가며 누구에게는 잘 보이기 위해 바른 사람인 척하고, 본인에게 영향력이 없는 사람은 막 대하는 그런 태도가 너무 실망스러웠다. 지도교수인 나에게는 세상에서 제일 착하고 바른 학생인양 행동하고, 시간강사 교수님들에게는 대충대충 수업을 받는 그런 태도로 어떻게 "가슴 따뜻한 서비스, 감동을 주는 서비스를 하는 객실 승무원이 되겠습니다"라고 다짐할 수 있는가. 가슴 따뜻한 서비스를 하겠다고 면접에서는 또박또박 답변할지 몰라도, 이런 이중적인 모습을 가진 사람은 가슴 따뜻한 정이 느껴지는 서비스를 절대 할 수 없다. 감동을 주는 서비스를 하겠다고 면접에서 다짐하듯 답변하겠지만, 이렇게 앞뒤가 다른 사람은 진심으로 상대를 감동시킬 수 없다.

난 학생들에게 서비스 지식을 하나 더 주입시키고, 영어단어 하나 더 알게 하고, 중국어 문장 하나 더 외우게 하는 것이 중요하다고 생각하지 않는다. 적어도 승객을 상대로 서비스하는 사람이라면 바른 마음, 상대방을 진심으로 이해하려 노력하고 배려하는 마음이 가장 중요하다고 생각한다. 착하고 바른 사람이 되어야 한다고 한참을 훈계하고 돌아서는데 가슴한 켠이 속상한 마음을 넘어 뻥 뚫린 것 같았다. 내가 그동안 우리 학생들을 잘못 가르쳤구나 하는 공허감.

전문 직업인이자 사회인으로 성장해나갈 학생들에게 강조하고 싶다. 이 사회를 살아가는 데 학벌과 지식보다 중요한 것이 바른 인성이라는 것을. 인성이 바르지 않은 사람이 성공하는 경우도 있겠으나, 그리고 성공하는 것처럼 보일지도 모르지만 언젠가 본인의 바르지 않은 마음과 행동 때문에 비난받게 될 것이라고. 그렇기에 정도正道를 걸으며 조금 늦을지는 몰라도 결과가 아름답고 누가 보더라도 "참 잘 살고 있구나"라고 인정받는 삶이 가치 있는 삶이라고.

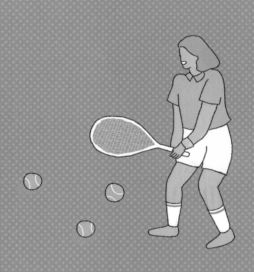

4장

대화 매너

대화를 잘하면
사람을 얻는다

말씨에서 인품이 드러난다

강연이나 지인들 모임 등에서 사회적으로 명망 있는 사람들을 만날 때 한 가지 공통점을 발견하는데, 바로 유머감각이다. 유쾌하고 유머 있는 사람이 모두 성공하는 건 아니지만, 성공한 사람 치고 표정이 어둡고 유머감각이 없는 사람은 없었다. 타인에게 밝은 에너지를 주고 즐겁게 일하며 긍정적인 시선으로 현실을 받아들여서 그런지 주위에 사람도 많이 모이고, 사업도 승승장구하는 듯했다. 그래서 그런 사람들을 만나면 나까지 기분이 좋아진다. 배울 점이 많아 그런 사람들과의 모임에도 즐겁게 참석한다.

그런데 가끔 대화 중에 뜻밖의 모습을 보이는 명사들도 있다. 무분별하게 비속어를 남발하는 경우다. 사춘기를 심하게 겪고 있는 중학생도 아닌데 욕 비슷한 비속어를 30퍼센트 이상 섞어가며 대화하는 40~50대 남성을 보면, 사회적으로 아무리 성공한 사람이라도 존경심이 들지 않는다. 친한 사람들끼리 모이는 편한 자리인지라 서로에 대한 정겨움의 표현일지는 몰라도 그 자리에 함께 있는 다른 사람들이 듣기에는 거북하고 불쾌할 때가 많다. 텔레비전 화면 속에서는 한없이 젠틀하고 교양 있어 보이는 사람인데 사적인 자리에서는 실망스러울 때가 몇 번 있었다.

말이라는 건 그 사람을 표현하는 중요한 수단이며, 말 한마디가 큰 파급력을 끼치기도 한다. 그런데 그들은 비속어를 사용하면서 굉장히 즐거워하는 표정이었고, 듣는 사람들도 박장대소하며 큰 반응을 보였다. 그러니 당연히 '난 굉장히 유머러스한 사람이야'라고 생각할 수밖에. 사실은 나도 미소를 띠며 그 사람의 이야기를 들었다. 하지만 속으로는 불편할 뿐이었다. 분위기상 "그런 비속어는 듣기 거북하네요"라고 말하지 못했을 뿐이다.

정말 친한 친구들끼리의 개인적인 자리에서는 비속어를 쓰거나 음담패설을 할 수도 있다. 그러나 여러 명이 모인 공개적

대화 매너

인 자리에서는 정제된 말을 사용하는 게 자신의 격을 높이는 일이다. 애써 공들여 만든 덕망을 본인 스스로 깎아 먹는 일은 없어야겠다.

대화의 기본은 눈 맞추기

상대방의 눈을 바라보고 상대방도 내 눈을 바라보며 대화하는 것, 이것은 비단 연인 사이뿐만 아니라 그 누구와 대화한다고 해도 당연히 지켜야 할 대화 매너다. 친구들과의 대화, 부모 자식 간의 대화, 선생님과 제자와의 대화, 면접관과 면접자의 대화에서도 상대방의 눈을 바라보며 대화하는 건 기본 중의 기본이다. 그러나 이렇게 중요하고도 기본적인 매너가 잘 지켜지지 않는 현장을 나는 자주 목격하고 경험한다.

나와 대화하는 상대방이 나의 눈을 피하고 바닥이나 천장만 바라본다든지, 내 얘기에 집중하지 않고 지나가는 사람들 한 명 한 명을 유심히 바라본다든지, 텔레비전 화면만 뚫어져라 쳐다보는 행동들은 상대방을 존중하는 모습으로 보이지 않는다. 심각하게 표현하자면 상대방을 하찮은 존재로 여긴다고 느끼게 하는 행동들이다. '앞에 있는 나보다 지나가는 사람한테 집중하는 이유가 뭐야?' '지금 텔레비전 보는 게 그렇게 중요해? 그럴 거면 집에서 보지 왜 나왔어?'라고 말하고 싶지만 차마 입 밖으로 말하지 못하고 혼자 기분만 상한다.

그 어떤 사람이든 상대방에게 존중받고 싶고, 소중한 사람으로 인지되길 원한다. 상대방이 날 소중한 사람으로 대하지 않는다면 나 또한 그 사람에게 집중하기 어려워지고 그날의 대화는 긍정적으로 마무리될 수 없다. 올바른 대화란 귀로는 상대방의 말을 듣고, 눈으로는 상대를 바라보고, 마음으로는 그의 말에 공감해주고, 행동으로는 맞장구 치며 듣는 것이다.

그러나 상대방의 눈을 직접 보는 것이 부담스럽다는 사람들이 종종 있다. 물론 몸에 배어 있지 않아 불편할 수 있다. 특히 이성의 눈을 바라보는 게 어렵다고 토로하는 사람들이 많은데, 그럴 경우에는 눈과 눈 사이를 보기 시작하다가 어느 정도 적응되면 왼쪽 눈, 오른쪽 눈으로 시선을 바꾸어보면 좋다. 상대방은 대화 상대가 눈을 보는지 눈과 눈 사이를 보는지 눈치채기 어렵다. 그러니 상대방의 눈을 보기가 영 민망하거나 어렵다면 이 팁을 활용해보자. 일부 이미지메이킹 책을 보면 상대방의 눈을 바라보기 힘들면 코끝을 보라고 권하기도 하지

대화 매너

만, 상대방이 가까이 있을 때 코끝을 바라보면 눈동자의 위치가 금방 탄로 날 수 있으니 삼가는 편이 좋다.

입사 면접을 볼 때도 면접자가 면접관과 눈을 못 마주치는 경우가 의외로 많다. 면접은 짧은 시간 내에 면접관에게 나의 열정을 최대한 어필해야 하는 절대절명의 순간이다. 0.1초도 허비해서는 안 되는 소중한 시간에 면접관과 눈도 못 맞추고 자신감 없는 모습을 보인다면 인생의 큰 기회를 놓칠 수도 있다. 상대방의 눈을 바라보며 말하는 습관을 들이고, 평소에 꾸준히 연습한다면 점점 자연스럽게 시선 처리를 할 수 있을 것이다.

말투 하나만 바꿔도

매너의 기본 중의 기본은 상대방에게 예의를 갖추는 것이다. 그렇다면 예의를 갖추 데 기본이 되는 건 뭘까? '말'이다. 우리말에는 다양한 존댓말이 존재한다. 그리고 예를 갖추는 어법을 상당히 강조한다. "말 한마디로 천 냥 빚을 갚는다"라는 속담이 있듯이 잘만 얘기하면 말 한마디로 어려움을 이겨

낼 수도 있다. 이렇게 말하는 사람들을 본 적이 있을 것이다.

"나는 원래 직설적이야. 돌려서 말 못해. 그러니까 상처받지 말고 오해하지 말고 들어."

이건 뭐 선전포고도 아니고, 내가 지금 너한테 상처 줄 건데 상처받지 말라니 무슨 말인지 모르겠다. 예를 들어 "나 원래 직설적으로 말하는 거 알지? 너 너무 뚱뚱해. 돼지 같아. 살 좀 빼!"라고 말한다면, 듣는 사람이 '저 사람은 원래 저렇게 말하니까 상처받지 말아야지.' 하며 쿨하게 반응할 수 있을까? 물론 직설적으로 말해야 하는 상황도 있기는 하다. 다만 대부분의 사람들이 그 말에 상처받고 상대에 대해 마음의 문을 닫아버리는 것이 문제다. '본인은 얼마나 날씬하다고 나한테 저런 얘기를 하는 거야? 남의 외모 지적하기 전에 인성이나 갈고 닦으시지'라고 생각하며 반감이 생길 수밖에 없다.

직설적으로 말하지 않고 에둘러 말하면 상대방의 배려에 오히려 고마워할 수도 있다. 이렇게 부드럽게 말하는 것을 '쿠션 cushion 화법'이라고 한다. "물 좀 줘!"라고 말하기보다 "미안한데 물 좀 가져다주면 안 될까?"라고 말한다면 듣는 사람의 기분이 상하지 않으면서도 기꺼이 요구 사항을 해결할 수 있다.

'괜찮으시다면' '번거롭겠지만' '죄송합니다만' '미안하지만'

'수고스럽겠지만' '많이 바쁘겠지만' '실례합니다만'이라는 말로 시작하면 부드러운 화법이 된다. 또한 명령형의 화법보다는 청유형의 화법이 매우 부드럽게 들린다. "회의 끝나고 전화해"라고 말하기보다 "회의 끝나고 전화해줄래?" 또는 "회의 끝나고 전화해줄 수 있을까?"가 훨씬 편안하게 들리고 "이 대리, 발표 서류 좀 가져와"라고 말하기보다 "이 대리, 발표 서류 좀 가져다줄 수 있을까?"라고 표현하면 훨씬 더 부드럽게 대화를 풀어갈 수 있다. 부부 간의 문제를 관찰 카메라로 보고 문제점을 해결해주는 텔레비전 프로그램을 보면 대부분의 싸움은 사소한 말다툼에서 시작한다.

"퇴근할 때 우유 좀 사와!"

"설거지 좀 해!"

"빨래 좀 걷어 와!"

이런 대화가 장기화되고 습관화되면 언젠가 한 번은 부부싸움으로 연결될 가능성이 매우 높다. 한두 번은 서로가 서로를 돕는다는 생각으로 상대방의 요청을 들어줄 수 있지만, 이런 말투가 계속된다면 '나한테 명령하는 거야? 좀 좋게 얘기할 수 없나?'라는 생각이 슬슬 자리 잡기 시작한다.

"퇴근할 때 우유 좀 사와!" 대신에 "미안한데 퇴근할 때 우유 좀 사다주면 안 될까?"라고 말하고, "설거지 좀 해!"라는 말투보다는 "내가 오늘 좀 힘들어서 그러는데, 설거지 좀 해줄 수 있어?"라고 말하는 게 상대방이 듣기에 훨씬 좋은 화법이다. "빨래 좀 걷어와!" 대신에 "혹시 지금 바쁘지 않으면 빨래 좀 걷어다 줄 수 있을까?"라고 말하면 두 사람 간의 갈등은 훨씬 줄어들 것이다. 물론 서로에 대한 배려가 당연한 것이라 생각해서는 안 되며 "도와줘서 고마워!" "자기가 도와주니 너무 좋다. 고마워!" 같은 감사의 말 한마디도 잊지 않는 것 또한 매우 중요하다.

어떤 표정과 태도로 말하느냐도 중요하지만 어떻게 말하느냐도 그만큼 중요하다.

맞장구가 대화의 질을 높인다

난 평소 이청득심以聽得心이란 말을 좋아한다. '귀를 기울여 경청하는 것은 그 사람의 마음을 얻는 최고의 지혜다'라는 뜻인데 내가 사회생활을 하며 많은 사람들과 인연을 맺을 때 가장 도움이 되었던 사자성어이기도 하다. 사실 이를 실천하는

대화 매너

게 어려운 일은 아니다. 상대방이 말할 때 머릿속으로 딴생각 하지 않고 상대의 말을 관심 있게 집중해서 듣고 중간중간 상대의 말에 호응하며 공감하면 된다. "어머, 그랬어?" "저런, 그런 일이 있었구나." "그래서 어떻게 됐니?" "많이 놀랐겠구나." "많이 슬펐겠네." "정말 좋았겠는데?" 등 적절한 타이밍에 짧게 공감을 표현하면 된다. 그 당시 화자가 어떤 마음이었을까를 느끼고 공감해주는 것이다.

나는 지금도 지도학생들과 학교생활의 어려운 점이나 취업에 대한 계획, 교우 문제 등에 대해 개인 면담을 자주 하는데 가끔 학생들이 지극히 개인적인 이야기를 털어놓는 경우도 있다. 부모님과의 갈등이나 가정불화로 인한 스트레스 등 정말 다양한 문제를 털어놓으며 눈물을 흘린다. 그래서 내 방 면담 테이블에는 항상 티슈가 준비되어 있다. 물론 면담 시작부터 개인적인 이야기를 하진 않는다. 처음에는 성적 관리, 취업, 학교생활 같은 일상적이며 공적인 이야기로 시작하다가 어느 순간 마음의 문이 마법처럼 열린다. 마치 나이아가라 폭포를 댐에 가두었다가 한순간 수문을 열어 폭발적으로 물이 방출되는 것처럼 말이다. 그러면 예정된 면담시간을 훌쩍 넘겨 대화를 하곤 한다. 다른 학과 교수님들은 이렇게 묻는다.

"왜 학생들이 교수님한테는 그런 사적인 얘기를 다 털어놓죠? 저에게는 학교생활, 성적 이런 것들만 딱 얘기하고 금방 나가던데?"

만약 학생들이 나에게 그들의 고민을 털어놓음으로써 마음의 상처가 아주 조금이라도 치유된다면 나는 어떻게든 도움이 되고 싶다. 나 또한 힘든 시간을 보냈고, 비슷한 고민을 했기에 그들의 눈물이 남의 일처럼 여겨지지 않기 때문이다. 나는 단 한 번도 상담학을 공부해본 적이 없지만, 그리고 어떤 정해진 방법이나 질문으로 그들의 고민을 들어주는 것도 아니지만, 그들의 이야기를 잘 들어주고 공감해주려고 최대한 노력한다.

학생들과의 면담시간에는 그 학생에게만 집중하고, 그 이야기를 하는 학생의 심리 상태가 어떨지 그 상황 속으로 들어가 본다. 나라면, 내가 저 나이였다면, 내가 저런 상황에 빠졌다면 나는 어떤 마음이었을까? 그렇게 상대가 느낀 감정을 느껴보려 노력한다. 그러고는 이렇게 위로한다.

"많이 힘들었겠구나."

"내가 너였더라도 그랬을 것 같아."

"내가 너의 상황을 100퍼센트 다 알고 이해할 수는 없지만,

너 굉장히 속상했겠다."

이런 식으로 말이다. 상대에게 공감할 때 우리는 한 편이 된다. 그리고 동지가 된다. 선생님이나 선배 또는 교수님으로서의 조언이 아니라, 같은 편으로서 조언하면 학생들은 그 말을 진심으로 느끼고 받아들인다. 공감하려는 노력과 이해하려는 노력. 그렇게 매너는 마음에서 시작된다.

관심과 참견 사이

민족의 대이동이 시작되는 우리나라의 큰 명절은 설날과 추석이다. 평소에는 잘 만나지 못하는 친지들을 만나 서로에 대한 근황을 물으며 반가워만 해도 될 좋은 날이건만 상대의 가슴에 비수를 꽂는 말들로 상처와 스트레스를 주는 일이 흔히 일어난다. 다시는 명절에 본가에 가지 않으리라 못된 다짐을 하게 만드는 사람들이 꼭 있다. "너 결혼은 언제 할 거니?" "너 취직은 언제 할래?" "결혼한 지가 언젠데 아직 애기가 없어? 빨리 애기 낳아야지?" "니네 회사는 탄탄하니? 연봉은 얼마나 받니?" 등등 듣기만 해도 슬슬 두통이 올라온다.

얼마 전 한 취업포털 조사에 따르면 4명 중 1명인 25.8퍼센트가 '명절이 없었으면 좋겠다'라고 답했으며, 절반 이상의 사람들이 '명절이 기대되지 않는다.' 또는 '명절이 전혀 기대되지 않는다'라고 답했다고 한다. 부정적인 답변을 한 응답자는 취업준비생과 전업주부, 직장인 순이었다고 한다. 취업준비생들이 명절을 기피하는 이유는 취업에 대한 친지들의 잔소리 때문이다. 지난해 한 취업포털 사이트의 설문조사 결과에 따르면 취업준비생들이 가장 듣기 싫은 말은 "언제 취업할 거니?"였다고 한다. 미혼 직장인인 경우에는 "결혼 언제할 거니?"라는 질문을 스트레스 유발 질문이라고 꼽았고, 기혼 직장인들은 "요즘 경기가 안 좋다는데 니네 회사는 괜찮니?"를 꼽았다고 한다.

이 설문에 직접 참여하진 않았지만, 나 역시도 너무나 공감되는 이야기다. 우리 친척들 대부분은 미혼인 나에게 결혼에 대해 잔소리하지 않는다. 내 스스로 노력하고 노력하여 지금의 경력을 쌓아 성취하고 있음을 매우 자랑스러워하시기 때문이다. 그런데 딱 한 분! 그분이 가끔씩 분위기를 깰 때가 있다.

"모란아, 너 결혼은 언제 할 거니? 여자가 사회적으로 성공하면 뭐하니? 결혼해서 애를 낳아야지."

웃어른이니 차마 말대꾸도 못하겠고, 내 성격에 한번 말을 제대로 시작하면 괜히 그분의 기분까지 상하게 할지도 몰라 건성으로 대답하고 다른 화제로 돌려버린다. 하지만 속으로는 이미 이렇게 대답하고 있다.

"사람이 살아가는 의미가 뭐죠? 나의 행복한 삶을 추구하기 위해서가 아닌가요? 저는 지금의 삶에 굉장히 만족해하며 행복하게 살고 있어요. 결혼을 꼭 해야만 행복한 건 아니잖아요? 본인의 잣대에 모든 사람을 맞추려고 하지 마세요. 그것만큼 어리석은 일은 없습니다."

그분은 남의 연봉에도 엄청 관심이 많다. 나에게도 묻는다. 교수 월급은 얼마냐고. 그러면 난 또 그냥 빙그레 웃는다. 그렇지만 속으로는 이렇게 대답하고 있다.

"제가 얼마 받는 게 왜 그리 궁금하세요? 관심 좀 꺼주세요!"

취업 못한 취준생에게 "너 취업 언제 할 거야?"라고 묻는 것도 실례다. 취업하기 싫어서 안 하겠는가. 취업에 대한 고민은 당사자가 제일 많이 한다. 결혼을 했는데 왜 아기를 안 가지냐는 말은 어떤가. 키워줄 것도 아니면서 뭘 그리 자꾸 물어보는 걸까? 가족계획은 철저하게 부부의 결정이다. 제3자가 배 놔라 감 놔라 할 문제가 아니다. "요즘 불경기라는데 너희 회사

는 탄탄하니?"라는 질문도 마찬가지다. 불경기라 제일 불안한
건 그 질문을 받는 사람이다. 왜 옆에서 걱정을 부추기는가.

어르신들은 이렇게 말씀하실 것이다. 다 관심이 있어서 물
어보는 것이라고. 하지만 이제는 더 이상 같은 성을 가진 친척
들이 한 마을에 모여 살지도 않으며, 3대 이상이 한집에서 부
대끼며 살지도 않는다. 즉 삶을 공유하며 사는 이전 세대와는
다른 시대라는 뜻이다. 나의 삶의 영역이 분명히 있다. 그것을
지켜주는 것이 매너다. 몇 개월에 한 번, 또는 몇 년에 한 번
겨우 만나는 친척들이 지나치게 남의 삶의 영역에 침범하는
것은 불편하고 스트레스를 유발한다. 상대에 대한 과도한 사
적 관심이 때로는 상대방을 불편하게 하는 참견이 될 수도 있
다는 점을 잊지 말아야 한다.

화내는 말투는 불행의 근원

승무원 시절, 나는 무서운 선배로 통했다. 사적인 자리에서
는 언니 동생 하며 막역하게 지내는 사이라도 비행기 내에서
업무로 연결되면 열외 없이 잘못된 일은 지적하고 따끔하게

가르쳤기 때문이다. 나에게 개인적으로 잘못하는 건 용인할 수 있어도 우리 항공사를 믿고 탑승한 승객에게 잘못된 서비스를 하는 것은 승객에 대한 도리가 아니며, 적어도 내 비행기에 탄 모든 승객은 만족할 만한 서비스를 받고 기분 좋게 목적지까지 가길 바라는 사무장으로서의 책임감에서 그런 엄격한 태도를 보였다.

그러다 보니 어느새 나는 '무서운 선배'나 '무서운 사무장'이 되어 있었다. 때로는 날 그렇게 인식하는 후배들이 야속하기도 했다. 후배들을 미워해서가 아니라 일을 잘했으면 하는 마음에서 지적하고 가르쳤는데, 왜 그런 마음을 알아주지 않는 걸까 서운하기도 했다. 나는 '가르친 것'인데, 후배들은 '혼났다'거나 '깨졌다'로 생각하니 답답하기도 했다. 그런데 시간이 한참이나 지난 후 알게 되었다. 내 말투와 목소리 톤, 표정에 문제가 있었다는 것을.

화가 나면 나도 모르게 말투가 평상시와 달라졌다. 목소리 톤이 높아지고 표정도 굳어져 상대방을 뚫어져라 쳐다보며 다그쳤던 것이다. 한 후배는 내가 화났을 때 내 눈을 도저히 쳐다볼 수 없었다고 한다. 마치 레이저광선이 나오는 것 같았다면서. 지금 생각하면 참 부끄럽고 미안하다. 나는 후배를 사랑

대화 매너

하는 마음만큼은 그들도 다 알아줄 것이라 믿었다. 내가 그들을 미워해서가 아니라 가르치려는 마음이 앞서 그랬다는 걸 알아주기만 바랐던 것이다. 내가 변하지 않았다면 그들은 날 그냥 '어렵고 무서운 선배'라고만 기억했을 것이다.

지금 재직하고 있는 학교에서도 마찬가지다. 학생들에게 난 여전히 무섭고 엄한 교수다. 아마 학생들에게 가장 무서운 교수가 누구냐고 묻는다면 다들 나를 지목할 것이다. 그런데 참으로 희한한 일은 거의 모든 학기 학과의 강의평가에서는 내가 최상위권에 랭크된다는 사실이다. 학생들에게 무섭게만 굴었다면 이런 결과는 없었을 것이다. 물론 지금도 내 속을 썩이는 학생이 있고, 불쑥불쑥 화나는 일도 있지만 그럴 때마다 내가 왜 속상해하고 있는지 학생들에게 알려주려고 한다. 내가 너에게 화난 이유는 단순한 짜증이 아니라 너의 미래를 생각했을 때 무엇이 더 바른 길인지 알려주고 싶은데 네가 따라주지 않기 때문이라고. 물론 시간이 걸린다. 설명해야 하고, 내 마음을 다 보여주어야 하니 표현을 한다 해도 시간이 필요하다. 때로는 내가 아무리 말을 해도 벽에 대고 말하는 것처럼 귀를 막고 들으려 하지 않는 학생들도 있다. 그래도 나는 포기하지 않는다.

얼마 전, 한 학생이 면담을 신청했다. 이번 학기 들어 지각과 결석을 밥먹듯이 하면서 작년과 다르게 불성실한 모습을 보여 계속 주시하고 있던 학생이었다. 그 학생이 결석할 때마다 "왜 학교 안 오니? 무슨 일 있니? 어디 아프니?"부터 시작해서 "다음에 또 빠지면 진짜 혼난다!"라며 협박 비슷한 말까지 하곤 했다. 그러던 중 학생이 먼저 면담을 신청한 것이다.

"교수님, 저 진짜 앞으로 어떻게 살아야 할지 모르겠어요."
눈물을 흘리는 학생의 고백에 마음이 덜컥 내려앉았다.

"도대체 뭐가 문제야? 교수님한테 말을 해야 해결해주든지 말든지 할 거 아냐. 말해 봐."

"저도 뭐가 문제인지 모르겠어요. 저도 잘 하고 싶은데, 그냥 잘 안 돼요."

네 나이 때에는 원래 미래에 대한 두려움이 앞선다, 그래도 꿋꿋이 이겨 나가야 한다, 계획을 세워서 한 발자국씩 나가야 한다, 누구든 한 번에 껑충 뛰어올라 단번에 꿈을 이루는 사람은 없다, 나라고 해서 그런 슬럼프가 없었겠냐. 이렇게 다독이며 20대 때 방황했던 이야기까지 하며 학생을 붙잡으려 애썼다. 그런데도 학생은 자꾸 모르겠다는 말만 되풀이했다.

"저도 잘 하고 싶기는 한데, 저도 잘 모르겠어요. 제가 왜 이

대화 매너

러는지…."

"니 인생인데 니가 모르면 어떻게 해…. 너 이제는 정신 차려야 해. 몇 개월 후면 졸업인데 그때 되면 누구도 널 이렇게 진심으로 챙겨주고 도와주지 않아."

이렇게 말하는 내 눈에서도 갑자기 눈물이 흘렀다.

"진짜 정신 차려야 해. 이제 그만 방황하고 학교 정말 열심히 다녀야 해."

"네, 교수님…."

왜 그렇게 눈물이 왈칵 쏟아졌는지 모르겠다. 진심으로 그 학생이 너무 걱정스러웠다. 이제 졸업하면 혼자 이겨내야 하고, 혼자 일어서야 하는데 그때 가서 후회하면 늦을 수도 있는데 그걸 모르는 학생이 너무 안타까웠다. 다행히 면담 이후로 그 학생은 학교에 잘 다니고 있다.

나도 완벽한 사람은 아니다. 지금도 여전히 실수하고 누군가에게 상처를 주며 살고 있는지도 모른다. 그래서 늘 돌아본다. 나도 모르게 누군가를 가르치기가 아닌 혼내려 한 적은 없는지. 혼을 내서는 상대방에게 가르침이 될 수 없다는 것을 이제는 너무나 잘 알기 때문이다.

화내지 말라고 가르침을 주는 한 스님의 책이 베스트셀러가

되었던 적이 있다. 나 또한 그 책을 읽고 깊은 감명을 받기는
했지만, 난 아직 마음 그릇이 충분히 크지 못해 늘 후회하는
행동을 하고 만다. 그래서 매일 또 다짐한다. 좋은 스승이 되
겠다고.

친절하면 오버하는 건가요?

대학 시절 단체 미팅을 할 때면, 나는 항상 파트너들에게 이
런 말을 듣곤 했다.

"넌 되게 명랑하고 유쾌한 아이인 것 같아."

웃어른들은 이렇게 말씀하셨다.

"아이고, 아가씨 참 싹싹하네."

친구들은 어떤가.

"넌 참 다정해!"

승무원 시절에도 그랬다.

"모란 씨는 너무 친절해요!"

교직에 있는 지금도 마찬가지다.

"교수님은 너무 자상해요."

대화 매너

이런 말을 들을 때면 기분이 좋고 힘이 난다. 표현은 각기 다르지만 어쨌든 내 성격이 밝은 건 맞다. 나는 어렸을 때부터 남들에게 말 붙이기를 좋아하고, 사람 사귀는 일에 겁을 내지 않았다. 그런 성격은 어머니의 영향이 컸다. 어머니는 늘 가족이 모이는 저녁 밥상에서 찡그린 얼굴을 용납하지 않으셨고, 반찬 투정이라도 할라치면 밥그릇을 뺏어 버리셨다. 하루 종일 아버지가 가족을 위해 일하고 돌아오셨고, 어머니는 가족을 위해 정성껏 저녁상을 준비했고, 네 식구가 유일하게 모이는 자리인 만큼 유쾌하게 그 시간을 보내고 싶으셨던 것이다. 학교 성적보다도 예의 지키기를 더 우선하셨고, 남들에게 늘 친절해야 한다고 가르치셨다.

얼마 전, 한 기업체에서 '서비스 마인드'를 주제로 강의를 했다. 서비스하는 사람으로서 항상 친절한 마음을 품고 외부 고객뿐만 아니라, 직장 내에서 만나는 내부 고객(직원)들에게도 친절하게 인사하고 칭찬의 말을 아끼지 말라고 당부했다. 그랬더니 한 교육생이 이렇게 말했다.

"저도 그렇게 하는 게 좋다는 건 알고 있지만, 모르는 직원들한테 웃으면서 인사하면 주위에 있는 다른 직원들이 오버한다고 욕할걸요?"

너무나 충격이었다. 친절하면 오버하는 거라니! 같은 건물에서, 같은 공간에서 얼굴 마주치고 일하는 사람들에게 웃으며 인사하는 것이 왜 오버한다고 욕먹을 일인가! 그것도 고객에게 최고의 서비스를 지향한다는 회사에서 일하는 직원들이 그런 생각을 하고 있다니 너무 안타까웠다. 모 연기자가 텔레비전 인터뷰에서 이런 말을 했다.

"입금되면 어떤 연기든 다 하게 되어 있어요."

우스갯소리겠지만, 서비스 기업의 직원들이 그런 생각을 하고 있다면 슬픈 일이다. 월급 받고 하는 일이니 고객을 만나는 순간에만 친절하고, 그 일선에서 벗어나면 웃으면서 인사하는 것조차 오버라고 생각한다면 앞과 뒤가 너무 다른 사람 아닌가. 아파트 엘리베이터에서 못 보던 어린아이가 타면 "아이고, 예뻐라. 몇 살이야? 이사왔나 보구나? 몇 층 사니?" 이렇게 관심을 가지고 물어봐도 안 되는 세상이 되어 버렸다. 예쁘다고 머리라도 쓰다듬으면 아이 어머니가 싫어할지 모르니 아이가 예뻐도 모른 척해야 한다. 예쁘다고 말하면 서로 무안한 상황이 되고, 이웃끼리 알고 지내고 싶어 몇 층 사냐고 물어보면 잠재적인 범죄자가 될지도 모르는 사회에 살고 있는 것 같다. 하긴 "물에 빠진 놈 건져 놓으니 보따리 내놓으라 한다"라

　　　　　　　　　　　　　　대화 매너

는 속담도 있지 않은가. 좋은 의도로 상대방에게 한 행동이었는데 오히려 생트집을 잡고 비난하니 얼마나 황당한 상황인가. 그러니 물에 빠진 사람을 봐도 남의 일이라며 지나쳐버리고 도와줄 생각조차 하지 않는 것이다.

얼마 전, 이와 유사한 일이 중국에서 일어나 뉴스에 보도되기도 했다. 오토바이를 타고 가던 60대 노인이 갑자기 쏟아지는 폭우에 쓰러졌는데도 행인들이 본 체 만 체해서 결국 익사했다는 소식이었다. 주변의 CCTV를 보니, 노인 주변으로 수많은 행인들이 지나다녔지만 끝내 아무도 도와주지 않았다고 한다. 타인에 대한 관심, 그리고 그 관심의 표현이 얼마나 중요한지 여실히 보여주는 사건이다.

승무원 시절 나와 함께 팀을 이뤄 비행하던 후배가 결혼 후 회사를 불가피하게 그만두고 새로운 직장에서 새 출발을 했다. 천성이 싹싹하고 친절한 성격이라 어디 가든 예쁨받고 잘 적응하리라 믿었다. 본인도 열심히 하겠다고 다짐했건만, 6개월이 채 지나지 않아 힘 빠진 목소리로 전화가 걸려왔다.

"선배, 나 회사 그만둘까 고민 중이에요."

"아니, 왜? 무슨 일 있어? 새 직장 구했다고 좋아하던 때가 엊그제 같은데 무슨 일이야?"

후배는 직장에서 벌어지고 있는 일에 대해 한 시간이 넘도록 하소연을 쏟아내기 시작했다. 본인은 친절하게 모든 동료들에게 잘해주려고 웃으면서 이야기하고, 친절하게 대하고, 맛있는 커피나 차가 있으면 아낌없이 베풀기도 했다는 것이다. 그런데 이제는 직장 동료들이 아예 자기 사무실을 카페로 생각하고 시도 때도 없이 들락거리고, 이제는 아주 당연한 듯 커피 한잔 내놓으라는 식이란다. 처음에는 기쁜 마음으로 내주었지만 언제부터인가 슬슬 짜증이 나고 화가 나기 시작하더란다. 하지만 싫다고 티를 내면 서로 불편해질 것 같아 말은 못하고, 어쩔 수 없이 사람들이 자기 방에서 수다 떠는 걸 다 들어준다는 것이다. 그러다 보니 정작 본인은 업무시간이 모자라 야근을 할 수 밖에 없다고 한다. 후배는 그런 일이 반복되다 보니 이제는 너무 지쳤다고 했다. 하소연 끝에 후배가 마지막으로 남긴 말이 기억에 남는다.

"사람들은 잘해주면 고마워하는 것이 아니라, 바보로 보는 것 같아요."

웃어주고 친절하게 대해주면 만만하게 보고 바보로 생각한다는 말은, 나 역시 공감 가는 부분이었다. 그렇다고 후배에게 회사를 그만두라고 단호하게 말할 수는 없었다. 찾아오는 직

　　　　　　　　대화 매너

장 동료들에게 "지금은 근무 중이니 다음에 오세요"라거나 "제 방이 무슨 카페인 줄 아세요? 잡담을 하시려거든 카페에 가시죠. 여기는 제 사무실입니다!"라고 매몰차게 말하라고도 하지 못했다. 후배의 말을 듣고 있자니 나 역시 화가 났지만 장기적으로 보았을 때 무엇이 더 후배를 위하는 일인지 생각해야 했다. 그래서 이렇게 조언했다.

"주위 사람들을 상냥하게 대하고 그들에게 친절을 베푸는 건 정말 잘하는 거야. 그 사람들도 표현은 안 하지만 고마워할 거야. 그 사람들이 고마워하지 않는다 해도 너는 착한 일을 하는 거니까 그걸로 충분해. 어차피 칭찬받고 보상받기 위해 하는 일도 아니잖아. 그리고 사람들이 찾아와서 사람 냄새 나는 게 낫지, 아무도 널 찾지 않는다고 생각해봐. 그것만큼 삭막하고 쓸쓸한 일이 어디 있어? 다만 일에 방해가 되는 게 문제니까 그 사람들이 와서 잡담하면 끝까지 같이 있어 주려고 하지 말고 슬쩍 빠져서 그냥 네 일을 보든지, 아니면 '죄송해요. 지금 급하게 처리할 일이 있으니 다음에 오시면 안 될까요? 그때 제가 맛있는 커피 끓여 드릴게요' 하면서 센스 있게 웃으면서 잘 얘기해봐."

안타까운 일이다. 친절하면 오버한다고 욕먹는 사회, 친절하면 바보로 아는 사회라니. 서비스의 달인이라고 자칭하는 나도 그런 말을 들을 때마다 힘이 빠진다. 하지만 이건 친절을 베푸는 사람의 문제가 아니라 받는 사람의 문제다. 친절을 베푸는 사람이 오버하는 게 아니라 그걸 곡해해서 받는 사람이 오버하는 것이다.

훈훈한 관계는 친절한 말투에서 온다

나는 16년 승무원 경력을 뒤로하고, 현재는 한 대학에서 학생들을 가르치고 있다. 처음 학교로 자리를 옮겼을 때 교수님들께서 나에게 이런 질문을 하셨다.

"교수님은 왜 그렇게 계속 웃어요?"

"왜 남자 교수님 눈을 그렇게 바라보면서 이야기하죠?"

난생 처음 들어보는 질문이었다. 나는 상대방을 보며 웃으면서 말하는 습관이 있고, 누구를 만나든 눈을 마주치며 대화한다. 그런 태도가 누군가의 눈에 거슬린다고는 생각해본 적이 없다. 그런 이야기를 듣고 나서 고민하기 시작했다. '이제 나는 더 이상 승무원이 아니니 예전의 습관들은 버려야 하

나?' '남자 교수님들 만날 때에는 눈을 마주치지 말고 이야기해야 하나?'

어찌 보면 바보 같은 고민일지도 모르지만 당시에는 꽤나 심각한 고민이었다. 고민 끝에 나이 지긋하신 같은 학교 선배 교수님께 자문을 구했다.

"교수님, 말할 때 웃거나 눈을 바라보는 제 습관이 좀 특이한 건가요?"

대답은 의외였다.

"네."

"정말요? 제가 특이한 거예요? 그럼 다른 분들은 어떻게 하시는데요?"

"김 교수님, 주위를 잘 살펴보세요. 다른 교수님들은 마주치더라도 목인사만 까딱 하고 말아요. 그런데 교수님을 항상 웃으면서 '안녕하세요'라고 말씀하시죠? 그리고 사람들은 대화할 때 그렇게 웃으면서 아이콘텍하지 않아요."

난 정말 그때까지 내가 특이하다고 단 한 번도 생각해본 적이 없었다. 그런 말을 들으니 혼란스러웠다. 그리고 결정해야 했다. 내가 변할 것인지, 아니면 하던 대로 할 것인지. 결론은 '소신을 지키자!'였다.

그렇게 몇 해가 지났지만 나는 여전히 모든 동료 교직원들에게 웃으면서 먼저 인사를 건네고 눈을 보며 이야기한다. 더이상 그들도 나를 이상한 눈으로 보지 않는다. 이제는 그분들도 나에게만큼은 먼저 웃으며 인사를 건네주신다. '김 교수는 원래 저런 사람'이라고 생각하시나 보다.

모르는 사람에게 먼저 말을 걸거나 무조건 웃으라는 말이 아니다. 다만 내가 얼굴을 마주하며 생활하는 가족, 직장 동료, 이웃들에게는 웃으며 눈인사를 하고, 친절한 태도를 보이고, 가벼운 칭찬 정도는 하면서 살아도 되지 않을까 제안하는 것이다.

친절한 말과 태도는 상대방을 즐겁게 할 뿐만 아니라 내 마음까지 따뜻하게 만든다. 우리는 흔히 잘생긴 사람을 보며 '훈훈하다'고 말한다. '훈훈하다'라는 말은 곧 '잘생겼다' '인상이 좋다'라는 또 다른 표현이다. 서로의 관계가 좋다는 것도 '훈훈하다'라고 표현할 수 있지 않을까? 아무리 추운 영하의 날씨라도 서로에게 친절한 태도와 따뜻한 말 한마디로 인사하고 대화한다면 우리 관계는 훈훈해지고, 덩달아 마음까지도 훈훈해질 것이다.

대화 매너

보답을 바라지 말고 주어라

항공사 객실 승무원이라는 생활을 뒤로하고 대학에서 학생들을 가르치는 일을 하면서 나에게는 많은 변화가 일어났다. 업무가 바뀐 건 당연하고, 생활 패턴부터 만나는 사람들의 범위까지 변하면서 스스로 마음의 중심을 잡아야 했다. 특히 학생들을 대하는 태도에서 신중해야 했다. 어떤 마음으로 학생들을 바라보고 대해야 하는지, 그리고 내가 그들에게 어떤 롤모델이 되어야 하는지 끊임없이 고민해야 했다. 그러면서 가장 먼저 떠오른 생각은 '차별 없이 학생들을 대하는 것'이었다. 그렇게 생각한 이유는 어렸을 적, 담임선생님들에게 차별 대우를 받았던 '기억하기도 싫은' 기억들 때문이다.

초등학교 시절, 우리 가족은 아버지가 재직 중인 대기업의 사원용 고층 아파트에서 살았다. 당시만 해도 주위에 산동네가 즐비했고 친구들 집에 놀러 가면 화장실도 재래식이었다. 고층 아파트가 주위에 전혀 없던 터라 나는 내가 다니는 공립 초등학교에서 부유층에 속했다. 우리 아파트에 사는 학생들이 주로 반장이나 부반장을 했고 학부모회의 임원들도 거의 우리 아파트에 사는 어머니들로 이뤄지곤 했다. 당연히 담임선생님들도 사원 아파트에 사는 학생들의 부모님들에게 촌지를 바랐고, 실제로도 만연했다.

어린 나이였지만 친구 어머니들이 학교에 와서 하얀색 봉투를 선생님들에게 건넨다는 것 정도는 알고 있었다. 그러나 나와는 상관없는 일이라 생각했다. 그런데 어느 날부터인가 이상한 느낌을 받았다. 학기 초에는 선생님이 예뻐해주고 앞자리에 앉혀주곤 했는데, 두어 달이 지나면서부터 내 자리를 맨 뒤로 빼버리거나 짝 없이 혼자 앉히는 것이었다. 전학생이 올 경우에만 그 전학생과 짝이 되었다. 학기 초와는 달리 냉랭하게 대하는 게 느껴질 정도였다. 수업시간에 멀리 심부름을 보내는 일도 있었다. 지금 와서 생각해보면 학기 초에 촌지를 기대했다가 어머니가 학교에 찾아오지 않자 나를 홀대했던 것이 아닌가 싶다. 그런 차별대우는 초등학교 4학년 때 가장 심했는데 그런 내 느낌이 단지 기분 탓만은 아니라는 걸 '스승의 날'에 깨달았다.

스승의 날을 맞이하여 나는 색종이로 정성껏 카네이션을 만들었고, 선생님에 대한 감사의 마음을 카드에 눌러 담았다. 스승의 날 아침, 담임선생님은 교탁 옆 책상 위에 선물을 쌓아놓으라고 하셨다. 반 친구들이 크고 작은 선물 상자들을 책상 위

대화 매너

에 차곡차곡 올려놓았다. 나는 상자에 포장된 선물이 아니었기에 망설였다.

'난 색종이로 만든 카네이션인데 저기 놓아도 될까?'

결국 난 카드와 카네이션을 책가방에서 꺼낼 수 없었다. 선물 상자가 책상 위에 다 쌓이자, 선생님은 한 명씩 나오라고 하더니 본인이 가져온 선물을 교탁 위로 가져와 직접 풀어보라고 했다. 학생이 선물 포장을 풀면 우리 모두는 박수를 쳐야 했다. 내 기억에 그 당시 우리 반 인원은 60명에 가까웠는데, 선물을 가져오지 않은 학생은 나를 포함해서 다섯 명 내외였다. 나를 제외한 다른 학생들은 경제 사정이 정말 나쁜 학생들이었고, 먹고살 만한데도 선물을 안 가져온 학생은 오직 나뿐이었다.

선물을 풀고 박수 치는 시간이 열한 살 나에게는 지옥 같았다. 빨리 그 시간이 지나가길 바랐고, 제발 담임선생님이 내가 선물을 안 사왔다는 사실을 알지 못하길 기도했다. 그날 나는 선생님에게 뭔가를 선물해야겠다고 다짐했다. 그렇게 하지 않으면 선생님이 이제 나만 미워할 테니까! 그래서 집에 오자마자 어머니께 이렇게 말씀드렸다.

"엄마, 엄마도 딴 엄마들처럼 선생님한테 돈 봉투 같은 거 좀 주면 안 돼?"

초등학교 4학년이었지만 알 건 다 알았다. 어머니는 평소와 다른 나의 태도에 놀라셨는지 한동안 아무 말씀도 하지 않으셨다. 그리고 다음 날 아침, 드디어 답을 주셨다.

"모란아, 오늘 엄마가 학교 앞으로 갈 테니까 수업 다 마치고 교문 앞에서 만나자."

난 속으로 외쳤다.

'야호! 드디어 우리 엄마도 학교에 돈 봉투를 가지고 오시는구나. 그럼 내일부터 선생님 태도가 달라지겠지?'

생각만 해도 좋았다. 먹고살 만한데도 스승의 날 선물을 안 가져온 아이로 낙인 찍혀 선생님의 눈길 한 번 제대로 받지 못한 채 혼자 맨 끝자리에 앉는 일이 이제는 더 이상 견디기 힘들었고, 견디고 싶지도 않았다.

수업이 끝나기만을 기다리다가 드디어 어머니를 교문 앞에서 만났다. 어머니는 늘 그렇듯 세련된 옷을 입으셨고 화장도 예쁘게 하셨다. '우리 엄마가 선생님한테 가면 분명 선생님도 날 만만하게 보지 않을 거야.' 그런 생각까지 들었다. 빨리 예쁘고 멋진 어머니의 모습을 선생님에게 보여주고 싶었다. 그리고 내일부터는 어깨 펴고 기세등등하게 학교를 다니고 싶었다. 그런데 어머니는 내 손을 잡고는 교문으로 들어서지 않고 다른 방향으로 발길을 옮겼다.

"엄마, 어디 가? 담임선생님 보러 가는 거 아니야?"

어머니는 온화하게 웃으며 말씀하셨다.

"응, 학교 가는 거 아니야. 엄마 따라와 보면 알아."

어머니는 내 손을 잡고 어디론가 계속 걸어가셨다. 우리 학교에서 멀지 않은 곳에 위치한 산동네였다. 판자로 만든 집들이 즐비하게 이어져 있는 구불구불한 골목길을 오르고 또 올라 어느 허름한 집에 멈추어 선 어머니는 말씀하셨다.

"자, 다 왔다. 들어가자!"

난생 처음 와본 집이었는데 어머니는 몇 번 와본 적이 있는 듯 자연스럽게 대문을 열고 들어가셨다.

"어르신, 계세요?"

아주 오래된 일이라 모든 것이 세세하게 기억나지는 않지만, 굉장히 허름한 판잣집에 어떤 초라하고 연세 지긋하신 백발의 할머니가 방문을 열어 우리를 내다보신 기억이 난다. 외부로 이어진 한 뼘짜리 마루에 앉아 우리는 도란도란 이야기를 나누었다. 어머니는 할머니와 말씀을 나누신 후 하얀색 봉투를 내밀었다. 할머니는 손사례를 치셨지만 어머니는 얼마

되지 않으니 넣어두시라며 할머니 치마 속에 봉투를 억지로 밀어 넣고 나오셨다. 할머니의 집에서 나와 산동네의 구불구불한 내리막길을 내려오는데 어머니가 말씀하셨다.

"모란아, 저 돈을 선생님에게 가져다 드릴 수도 있지만 엄마는 널 위해서 좀 더 의미 있게 써야겠다고 생각했어. 모란아, 돈은 우리보다 살기 어려운 사람들을 돕기 위해 써야 하는 거야. 알겠니?"

"응, 알았어!"

그 말이 정확히 무슨 의미인지, 저 할머니가 누구인지 묻지 않았지만, 어머니가 나에게 전달하려는 마음이 무엇인지는 어렴풋이 알 것 같았다.

그 후에도 우리 집은 부족함 없이 풍족하게 많은 것을 누리며 살았다. 그러던 중 아버지가 조기퇴직을 하시면서 퇴직금으로 시작한 사업이 폭삭 망해 하루아침에 달동네 판자촌으로 이사 가야 할 상황이 닥쳤다. 다 쓰러져가는 월세방에서 하루하루 끼니를 걱정해야 할 상황이었다. 반찬은 상상할 수도 없고 김치 한 가지만 놓고 식사를 해야 했다. 쌀이 떨어지면 어쩌나 걱정해야 할 지경이었다.

그러던 어느 날, 정말 그런 날이 오고야 말았다. 내일 먹을

　　　　대화 매너

쌀이 없어 어떻게든 돈을 마련해야 할 상황이었다. 그런데 그 날 밤, 누군가가 초인종을 눌렀다.

"누구세요?"

"쌀 배달 왔어요."

"쌀이요?"

어머니는 깜짝 놀라 현관문을 열었다. 쌀집 아저씨가 쌀 한 가마니를 어깨에 메고 들어오셨다.

"우리는 쌀 주문한 적 없는데요?"

"어떤 분이 이 집 주소를 주면서 쌀 한 가마니 가져다주라고 하셨어요. 계산은 다 하셨어요."

"아니, 누가요?"

"그건 저도 모르죠."

정말 기가 막힐 노릇이었다. 누가 우리 집 사정을 알고 쌀을 배달해주었을까? 그리고 어떻게 쌀이 떨어진 걸 알고 때맞춰 보냈을까? 여러 가지 질문이 꼬리를 물었지만 답은 나오지 않았다. 그 주인공이 사람이었는지, 아니면 천사가 보여준 기적이었는지는 잘 모르겠지만, 지금 생각해보면 어머니가 산동네 할머니에게 보여준 호의가 돌아돌아 우리 집에 온 것이 아닌가 싶다.

호의란 친절한 마음씨, 좋게 생각해주는 마음이다. 모든 종교의 기본도 호의가 아닐까? 서로 사랑하고 이해하며 보듬어주고, 본인 스스로 착한 마음을 가지고 베풀며 사는 것. 상대방에게 언제나 호의를 베풀며 사는 것은 종교가 있든 없든 모든 사람이 기본적으로 가져야 할 좋은 마음씨일 것이다. 대가를 생각하지 않으면서 말이다. 내가 저 사람에게 100만 원어치의 호의를 베풀었으니 상대방도 나에게 100만 원어치의 호의를 베풀어야 한다고 생각한다면, 그리고 그 보답이 내가 베푼 것에 미치지 못한다고 실망한다면 그것은 진정한 호의가 아니다.

부모님의 지인이 승무원이 되고 싶다는 딸을 만나달라며 막무가내로 연락을 해온 적이 있다. 그 당시 나는 특별하게 도움 줄 만한 위치가 아니었기에 그다지 만나고 싶지 않았는데 하도 여러 번 부탁하시기에 몇 번 만나 면접 노하우를 알려준 적이 있다. 그런데 운이 좋게도 나에게 코치를 받은 그 친구가 정말로 원하는 항공사에 합격했다는 소식을 들었다. 한편으로는 기특하기도 하고 내 코치를 받아 합격한 것 같아 기쁘기도 했지만, 한편으로는 서운하기도 했다.

'도와달라고 울며불며 매달릴 땐 언제고 합격하고 나니 연

락도 없네?'

서운한 마음도 서운한 마음이었지만, 마치 이용당한 것 같아 기분이 상했다. 그래서 어머니에게 툴툴대기 시작했다.

"엄마 친구 딸 말이야. 너무한 거 아냐? 어떻게 고맙다는 말한마디를 안 해? 전화 한 통 하면 어디가 덧나?"

그러자 어머니는 오히려 내가 더 이상하다는 눈빛으로 말씀하셨다.

"넌 처음부터 대가를 바라고 그 학생을 도와준 거였니?"

"아니, 그런 건 아니지만⋯."

"돕고 싶은 순수한 마음으로 도와준 거잖아. 그럼 상대방에게 보답을 바라면 안 돼. 네가 착한 마음으로 도와줬으니 언젠가는 누군가가 널 대가 없이 도와줄 거야."

그 말을 들으니 마음이 좀 가벼워졌다. 물론 처음부터 그 학생에게 대가를 바라지는 않았다. 단 한순간도 잘되면 한 턱 내라는 말조차도, 나한테 감사해야 한다는 말도 하지 않았다. 그저 승무원이 너무나 되고 싶어 하기에 내가 도와줄 수 있는 일을 찾아 도와준 것뿐이었다. 그런데 그 친구가 막상 합격했다고 하니 뭔가를 바라는 마음이 생겼던 것이다. 어머니의 얘기를 듣고 나니 호의에 대한 대가를 잠시라도 바랐던 내가 창피

하고 어리석었다는 생각이 들었다.

얼마 전에는 예전 직장 동료의 안타까운 퇴사 소식을 듣고 잘 아는 회사를 소개해주었다. 요즘 같은 취업 불경기에 경력을 인정받으며 재취업하는 게 어렵다는 건 누구나 다 아는 일이다. 다행히 그 회사에서도 적임자를 찾고 있었고, 마침 내 주위에 적임자가 있어 소개해준 것뿐이었는데 운 좋게도 합격했고, 선배는 나에게 한없이 고마워했다.

난 그저 누군가를 도와줄 수 있는 자리에 있다는 것이 더 감사한 일이라 생각한다. 그리고 그 선배에게 베푼 호의가 언젠가는 돌고 돌아 내게로 돌아올 거라 믿는다. 나에게 돌아오는 호의가 내가 호의를 베푼 선배에게서 받을 것이라고 생각하지도 않는다. 생각지도 못한 사람에게, 생각지도 못한 상황에서 누군가가 날 도와줄 거라 생각할 뿐이다.

이 세상은 혼자 살아갈 수 없다. 서로서로 도움을 주고받으며 살아가야 한다. 내가 누군가를 도와주어야 다른 누군가도 날 도와주고, 내가 누군가의 도움을 받는다면 나 또한 다른 누군가에게 대가를 바라지 말고 도움을 줘야 한다. 내 제자들은 원하는 직장에 취업한 후 나를 찾아와 이렇게 말한다.

"교수님, 너무 감사합니다. 다 교수님 덕분이에요."

그럼 난 이렇게 답한다.

"다 네가 잘 해낸 덕분이지. 직장생활 힘들어도 잘 견디고 꼭 앞서가는 리더가 되도록 해. 넌 그렇게 될 수 있을 거야. 그리고 나중에 높은 자리에 오르면 나 모른 척하면 안 된다. 그때 나 좀 잘 봐줘야 해, 알았지? 후배들도 많이 뽑아주고."

"하하하, 교수님. 저에게 정말 그런 날이 올까요?"

"그럼, 당연하지. 넌 나보다 훨씬 더 잘될 거야. 걱정 마!"

꼭 무언가를 받기 위해서가 아니라, 내 학생들이 지금의 나보다 훨씬 더 성공하고 사회를 이끄는 리더가 되길 바라는 마음에서 그렇게 말한다.

그런 모습을 20년이나 30년 후에 볼 수만 있다면, 그것이 내가 학생들을 성심성의껏 가르치며 호의를 베푼 덕에 누릴 수 있는 나에게 돌아오는 보답일 것이다.

가까운 사이라도 매너는 필요하다

난 가족 문제를 심도 있게 다루는 연구자도 아니고 관련 학과 교수도 아니다. 그러니 가족 간의 문제를 깊이 있게 다룰

대화 매너

수는 없다. 다만 너무 가까운 관계이다 보니 흔히 잊고 지나가는 가족 간의 매너에 대해 이야기하려 한다.

매너는 어려운 사람에게, 또는 비즈니스 관계에 있는 사람에게만 보여야 하는 호의나 배려가 아니다. 가족은 험하게 대하면서 밖에서만 매너 있게 행동하는 건 얼마나 이중적인가.

그런데 많은 이들이 이런 이중적인 태도로 산다. 회사에서는 동료들에게 공감해주고 그들의 말을 경청하면서도 집에서는 각자 스마트폰만 보고 대화하려 하지 않는다. 친구와의 약속은 소중하게 여기면서 가족과의 약속은 어겨도 된다고 생각한다. 여자 친구나 남자 친구가 생기면 더하다. 가족의 생일이나 기념일을 잊고 살기 일쑤이고, 기억한다 하더라도 의무감에 대충 해치워버리곤 한다. 우리들 대부분은 가족 간의 매너에 대해 생각조차 하지 않는다. 가족이니까.

퇴근 후 가족들이 함께 모이는 시간은 얼마나 될까? 함께 오순도순 대화를 나눈 적은? 어머니는 거실에서 드라마를, 아이들은 각자 방에서 컴퓨터나 게임을, 아버지는 아예 늦게 들어오거나 들어와서도 잠자기 바쁜 요즘의 가족들. 가족 여행을 가서도 마찬가지다. 각자 스마트폰으로 사진을 찍고, 틈만 나면 그 사진을 SNS에 올리고 친구들과 문자하기 바쁘다.

얼마 전에 이런 뉴스를 보았다. 가족들이 들려주는 좋은 추억이 코마 환자의 의식 회복에 도움이 된다는 것이다. 2010년 의식불명 상태인 코마에 빠진 환자에게 가족들과 쌓은 추억을 하루 네 번씩 몇 주 동안 들려주었더니 기적적으로 의식을 회복해 치료사의 질문에 반응을 보이기 시작했다고 한다. 가족과의 따뜻한 추억이 의식불명으로 잠들어 있는 뇌를 깨우는 데 힘이 될 수 있다는 그 기사는 가족 간의 대화가 사라진 우리를 따끔하게 일깨운다. 그런 일이 발생하면 안 되겠지만, 만약 우리 가족 중 누군가 사고를 당해 의사가 이렇게 말한다고 가정해보자.

"환자가 가족들과 나눈 즐거웠던 시간들을 회상할 수 있게 많은 얘기를 해주세요. 그러면 기억과 언어에 관여하는 뇌 부위 활동이 증가해서 금세 호전될 겁니다."

이런 상황에 놓였다면 우리는 어떤 추억을 들려줄 수 있을까? 우리는 지금 잠든 의식을 깨울 아름다운 추억을 가족들과 만들어가고 있을까?

나이 사십이 넘었지만 나는 여전히 집에서 휴대전화를 사용할 때 가족들의 눈치를 보는데, '밥상머리'에 앉아 있을 때가 그렇다. 스마트폰이 나온 지 얼마 지나지 않았을 때 식사시

대화 매너

간에 문자를 보내다가 어머니께 크게 혼난 적이 있다. 하루 중 유일하게 가족끼리 모여 식사하는 시간이고, 그 시간을 위해 신경 써서 저녁상을 준비했는데 그것보다 더 중요한 일이 있냐고 물으셨다. 틀린 말씀이 아니었다. 그때 나는 친구들과 시시콜콜한 잡담을 주고받고 있었으니까. 내게 가장 소중한 가족에게 예의를 지키지 않은 채 중요하지 않은 다른 무언가에 정신이 팔려 있는 건 아닌지 스스로를 돌아보아야 한다.

같은 학과에서 근무하는 한 교수님이 얼마 전 나에게 이렇게 질문하신 적이 있다.

"교수님은 어머니에게 참 말도 친절하게 하시고, 너무 다정한 딸 같아요. 저도 그렇게 하고 싶은데 잘 안 돼요. 어떻게 하면 그렇게 할 수 있을까요?"

그 교수님은 친정 부모님과 한집에 살고 있는데도 무뚝뚝한 성격 때문에 살갑게 이야기하지 못한다며 도움을 요청했다. 하지만 내가 보는 그분의 성격은 무뚝뚝하지 않았다. 평소 동료 교수님들에게는 세상없이 밝은 표정으로 항상 예의 바르게 먼저 다가오는 분이셨기에 그런 고민이 있는 줄 몰랐다.

"제가 밖에서 만나는 사람들에게는 애교 있게 말도 하고, 친근하게 다가가기도 하는데 부모님께는 말도 무뚝뚝하게 하고 대화도 잘 안 하게 되더라고요."

나는 대단한 조언이나 해결책을 내놓는 대신, 내 이야기를 털어놓았다.

"교수님, 저는요, 사실…. 후회하기 싫어서 그러는 거예요."

"그게 무슨 말씀이세요?"

"저는 우리 엄마가 돌아가시고 나서 후회하기 싫어요. 그때 가서 좀 더 잘 해드릴걸 하고 후회하기 싫거든요. 그래서 엄마 어깨 한번이라도 더 주물러드리고, 조금이라도 더 살갑게 대해드리는 거예요."

"저도 그렇게 바뀌고 싶은데 뭐부터 어떻게 해야 할지 모르겠어요."

"교수님, 혹시 부모님께 아침인사하세요?"

이 질문에 교수님은 화들짝 놀랐다.

"아침인사요? 그런 걸 가족끼리 해요?"

"뭐, 대단한 건 아니고 '엄마, 잘 잤어?' 이렇게 물어보는 거죠, 뭘…."

"아니요, 그런 말은 해본 적이 없어요."

"그럼 아침에 눈 떠서 부모님 마주치면 어떻게 반응하세요?"

"그냥 뭐… 아무 얘기 안 하고 스쳐 지나가죠."

"그럼 자녀분과는 아침인사 하세요?"

"그럼요. 아들하고는 볼에 뽀뽀도 하고 아침인사도 하죠!"

"아들이랑은 하면서 왜 부모님과는 안 하세요?"

"…."

"부모님께도 아침인사를 시작해보세요. 간밤에 잘 주무셨는지부터. 노인들은 밤잠을 잘 못 이룬다고 하잖아요. 부모님께도 관심을 표현해보세요. 나중에 후회할 일 만들지 마시고."

우리가 간과하는 것이 하나 있다. 지금 내 옆에 있는 가족이 영원히 내 옆에 있을 거라는 절대 이뤄지지 않을 믿음 말이다. 우리 모두는 언젠가 이 세상을 떠난다. 난 적어도 그날 "가족에게 좀 더 잘해줄걸." 하고 후회하고 싶지 않다.

요즘 텔레비전을 보면 자연으로 돌아가 속세와 인연을 끊고 홀로 살아가는 사람들의 이야기가 인기를 끌고 있다. 퇴근 후 우연히 그 방송을 보았는데 벌써 20년째 깊은 산속에 움막을 짓고 혼자 살아가는 60대 남성이 주인공이었다. 산속에 살면서 약초며 열매며 몸에 좋은 음식을 주식으로 먹거나, 계곡물이 본인의 개인 수영장이라도 된 듯 자유롭게 사는 모습이 부럽기도 했다. 그런데 밤이 되자 낮에 보였던 밝고 활기찬 모습은 사라지고 어두운 표정으로 가족 이야기를 꺼내기 시작했다. 젊은 시절, 크게 사업을 하며 가족들과 행복하게 지내던 때도 있었지만 사업이 잘 되지 않자 과음하기 시작했고, 사업 실패의 스트레스를 가족들에게 풀면서 가족 관계도 파탄 났다고 한다. 특히 딸 둘은 그때 아버지한테 받은 상처로 지금까지도 왕래하지 않는다고 한다. 20년이 지난 지금에서야 딸들한테 너무 잘못했노라며 후회했지만 이미 때는 늦은 듯했다.

많은 사람들이 매너란 늘 남에게 지켜야 하는 지침이고, 사회적으로 내가 돋보이기 위해 타인을 배려하는 모습이라고 생각한다. 그러나 우리가 한 가지 잊지 말아야 할 점은 내가 가장 소중하게 지켜갈 대상은 바로 가족이라는 것이다. 나와 가장 가까운 사람부터 챙기는 것이 매너의 시작이자 마침표다.

자랑도 상황에 맞게

내가 가장 싫어하는 사람 중 하나가 '척'하는 사람들이다. 유식한 척, 돈 많은 척, 운동 잘하는 척, 착한 사람인 척…. 옛 속담에 "빈 수레가 요란하다"라는 말이 있듯, 본인이 진짜 실속 있다면 스스로 그렇게 떠들어댈 필요가 없다. 영국 사람들은 자기 신분이나 재산을 자랑하지 않는다고 한다. 돈으로 상대방에게 부담감이나 상실감을 주는 행동을 하지 않으려는 매너 있는 행동이다.

지난해 지인들의 모임에 한 분이 초대되어 합석한 적이 있는데, 그분의 한마디 한마디가 자기 자랑으로 시작해 자기 자랑으로 끝나 너무 놀랐다.

"이 시계가 이번에 명품 브랜드에서 나온 신상 모델인데 우리나라에 딱 세 개 들어왔다고 하더라고요. 그중 하나를 제가 산 거죠. 하하하!"

"제가 아는 사장님 중에 재산이 조 단위로 있는 분이 있어요. 그분이 저한테 사업 투자 자문을 해달라고 하셔서 좀 도와드리려고요. 제가 워낙 이 바닥에선 전문가이고 수익을 잘 내니 다들 도와달라고 난리예요!"

"나 정도 되는 사람이면 이 정도 레스토랑에서 밥을 먹어줘야지요!"

"이번에 내가 미국에서 수영장 딸린 집을 샀거든요. 영화에 나오는 그런 집 아시죠? 수영장에서 파티하는 그런 집 말이에요. 하하하!"

능력이 출중하여 자신감이 하늘을 찌르는 건 나무랄 일이 아니다. 치열한 노력으로 그렇게 높은 위치까지 올라갔다면 박수 쳐줄 만하다고 생각한다. 그런데 문제는 주변 사람들을 전혀 생각하지 않고 배려하지 않는 것이다. 그 자리에 합석한 사람들 상황이 모두 다 좋았던 건 아니다. 그러니 몇 명은 매우 언짢은 표정을 지으며 다시는 이 모임에 저 사람 초대하지 말라며 기분이 상해 돌아가기도 했다.

가까운 지인 중에 A라는 분이 있다. 이분 또한 본인 자랑으로 대화를 시작하고 끝내는 분이다. 그분과 함께 만나는 모임의 일원 중 B라는 분은 얼마 전 폭력적인 남편을 피해 도망 나오듯 집을 뛰쳐나와 월세방에 숨어 지내며 이혼을 준비하고 있다. A는 B의 현재 상황을 뻔히 알면서도 본인이 새로 산 집을 동영상으로 촬영해 모임 내내 자랑을 했다.

"이것 좀 봐. 우리 집 정원이야. 너무 예쁘지? 마당도 이렇게 넓다니까~"

그 자랑 퍼레이드를 들은 B의 마음은 어땠을까? 물론 요즘은 본인 PR시대라고 한다. 자신의 장점과 자랑거리는 외부에 노출시키고 알릴 필요가 있다고 생각한다. 그러나 그것도 때와 장소를 가려야 한다.

혹여 무언가 자랑하고 싶을 때는 주변 사람들도 한번 둘러

보고, 내 자랑거리가 진정으로 축하받을 수 있는 자리인지, 내 자랑의 말이 다른 사람에게 상처가 되지는 않을지 생각하고 말해야 한다. 그러나 그보다 더 명심해야 할 것이 있다. 나의 뛰어남은 내가 굳이 말로 하지 않아도 다른 사람들이 자연스럽게 알아줄 때 더 빛난다는 점이다.

때와 장소와 사람을 가리면 매너가 아니다

아버지가 잘 다니시던 대기업을 자의반 타의반으로 그만두고 경험도 전무한 사업에 뛰어들었던 적이 있다. 평생을 화이트칼라로 사셨던 아버지가 생뚱맞게 대리석으로 가구를 만들어 팔아보겠다며 공장을 차렸는데, 물론 망했다.

내가 중학교를 다니던 시절이었는데, 늘 누구에게나 친절했던 아버지는 공장을 시작하자마자 우리 집에 공장 인부들을 모두 초대해 식사를 한번 하겠다고 하셨다. 나에게도 그날 함께 식사하자고 하셨고, 나도 그러겠다고 했다. 그날 우리 집에 초대된 사람들은 나와는 피부색이 다른 파키스탄 외국인 노동자들이었다. 그때만 하더라도 외국인 노동자를 실제로 본 적도 없고 뉴스에서만 그들의 존재를 들었을 뿐이어서 내가 그들과 같이 식사하는 날이 올 줄은 몰랐다. 사실 조금 놀랐고, 긴장했고, 한편으로는 무섭기도 했다.

내가 긴장하고 있는 것을 눈치 챈 아버지는 이 사람들 참 착하다며 한국에서 열심히 돈 벌어서 본국에 있는 가족들 먹여 살리기 위해 온 사람들이라고, 잘 대해줘야 한다고 말씀하셨다. 어눌한 한국어로 "맛있어요!"라며 어머니가 차린 음식을 잘 먹어주던 그들의 모습이 아직도 생각난다.

요즘은 외국인 노동자가 많아져 거리에서도 심심치 않게 볼 수 있다. 승무원으로 근무할 당시에도 동남아에서 입국하는 비행기 안에 외국인 노동자들이 단체로 탑승한 적도 많았다. 부끄러운 말이지만, 일부 승무원 중에는 한국인이나 서양인을 대하는 태도와 외국인 노동자들을 대하는 서비스 태도가 달라지는 사람도 있다. 그래서 사무장이 되어 동남아 비행을 가기 전 브리핑을 할 때면 빼놓지 않고 이렇게 말했다.

"승객의 피부색으로 서비스의 품질이 달라져서는 안 됩니다. 우리 비행기에 탄 승객에게는 피부색이 검든 하얗든 누구에게나 친절하게 서비스를 해야 할 의무가 있습니다. 만약 피부색으로 서비스에 차별을 둔다면 그것만큼 비겁하고 야비한 일은 없다고 생각합니다."

한때 재벌가의 지나친 갑질이 기사화된 적이 있다. 하지만 우리 스스로도 한번 되돌아보아야 한다. 나는 혹시 누군가에게 갑질을 한 적은 없는지. 다문화 가정의 아이들을 차별의 시선으로 바라본 적은 없는지, 임대아파트에 사는 아이들과 놀지 말라고 자녀들에게 주의를 준다는 일부 어머니들의 이기심이 혹시 내 안에는 없는지.

힘 있는 사람이 힘 없는 사람을 괴롭히고 함부로 대할 때 우리는 분노하고 그들에게 손가락질을 한다. 그런데 자신 있는가? 나는 단 한 번도 그런 적이 없다고? 나보다 힘이 없다고, 사회적 약자라고, 내가 굳이 잘 보일 필요 없는 사람이라고, 나에게 영향력을 주는 사람이 아니라고 함부로 대하거나 존중하지 않는 태도를 보인 적이 없는가?

항공사 승무원으로 재직하던 당시, 신입 승무원들을 교육하는 강사를 한 적이 있다. 다른 기업은 어떻게 신입직원들을 교육하는지 잘 모르겠지만, 항공사 승무원의 경우에는 3~4달 동안 안전 교육과 서비스 교육을 진행하며, 중간중간 수많은 테스트를 거쳐 합격 점수를 획득해야 한다. 만약 점수가 미달되면 입사하지 못하고 집으로 돌아가야 한다. 합격이 취소되는 것이나 마찬가지다. 특히 안전 교육의 경우 비상탈출 실습 테스트는 신입사원들에게 고비라고 할 수도 있는데, 이때 눈물을 안 흘리는 훈련생이 없을 정도로 지옥의 훈련을 맛본다.

그러나 아무리 힘든 과정을 거치더라도 신입사원들은 중간에 탈락되지 않기 위해 안간힘을 쓴다. 그리고 강사의 말 한마디 한마디를 소중히 듣고 회사의 규정을 따르기 위해 애쓴다. 강사는 훈련 기간 중 회사의 규정을 따르지 않는 훈련생이 발생하면 즉시 시말서를 작성하게 하고, 이 또한 평가점수에 반영시키곤 한다. 그래서 신입사원들은 훈련 기간 중 강사의 눈에 띄지 않기 위해 최선을 다하고 노력한다.

하루는 회사 인사팀에서 연락이 왔다. 신입 승무원 채용 면접을 보는 날에 인사팀을 도와줄 수 있겠냐는 연락이었다. 면접인원이 너무 많아서 면접 진행을 도와줬으면 한다기에 기꺼이 하겠다고 수락하고 면접장으로 갔다. 그런데 그곳에서 너무나 의외의 지원자들을 보게 되었다. 혹시 이 글을 항공사 승무원을 희망하는 지원자가 본다면 이렇게 충고하고 싶다.

"면접은 면접실 내에서만 이뤄지는 것이 아닙니다. 회사에 들어선 그 이후, 또는 회사 근처 공항 일대가 모두 다 면접장일 수 있습니다. 수많은 눈들이 있으니 조심하십시오!"

대화 매너

하지만 대부분의 면접 지원자들은 이 말이 도대체 무슨 말인지 잘 이해하지 못한다.

면접 진행을 할 때 겪었던 일이다. 지원자 중 일부 사람들은 당연히 내가 누군지 모른다. 그러다 보니 그들의 실제 모습이 그대로 나에게 노출되는 경우가 종종 있다. 면접 진행에 대한 주의사항을 설명하고 있는데 딴짓을 하거나 옆 사람과 떠드는 사람이 있길래 "여기 주목해주세요"라고 했더니 "다 알아요!"라며 기분 나쁜 표정을 짓는 지원자가 있는가 하면, 면접실 앞에서 떠드는 지원자에게 "안에서 면접이 진행되고 있으니 조용히 해주세요"라고 요청했더니 "더럽게 지랄하네!"라며 투덜대는 지원자도 있었다. 어떤 지원자는 면접을 망쳤는지 면접실에서 나오며 입에 담을 수 없는 욕을 내뱉기도 했다. 그런데 더 큰 문제는 이렇게 나에게는 불량한 태도를 취하던 지원자들이 면접실 안으로 들어갈 때에는 세상에서 가장 해맑은 표정으로 밝게 웃으며 면접관들과 눈인사를 하며 입장한다는 점이었다. 아마도 면접관들에게만 잘 보이면 합격한다고 착각하는 모양이었다. 그러나 실제는 그렇지 않다. 면접이 시작되기 전 면접관들은 면접 진행요원들에게 이렇게 요청한다.

"면접실 밖에서 태도가 불량한 사람들이 있으면 바로바로 얘기해주세요. 겉과 속이 다른 사람들은 걸러내야 합니다!"

그래서 나도 그 걸러내는 작업에 적극 동참했다. 왜냐하면 내가 그들의 객실 승무원 신입 훈련을 맡아서 해야 할 테고, 그들은 나와 함께 손발을 맞춰 일할 후배가 될 테니 말이다.

모 항공사 인사팀 직원이 나에게 들려준 에피소드도 있다. 그 항공사는 셔틀버스를 타야만 항공사 건물로 들어갈 수 있는 구조인데, 한 지원자가 항공사 본사 건물에서 면접을 마치고 집으로 돌아가는 길에 셔틀버스에서 친구와 전화통화를 하며 문제의 발언을 한 것이다. 그 지원자는 면접 후 소감에 대해 친구와 거침없이 대화를 한 모양이다. 욕설도 걸죽하게 섞어가면서 말이다. 면접을 완전히 망치고 나왔는지 면접관에 대한 험담과 면접 진행이 짜증났다는 둥 그 회사에 몸담고 있는 직원이 들으면 당연히 기분 나쁠 그런 말을 거침없이 했다고 한다. 그런데 하필 그녀가 앉은 바로 뒷좌석에 그 회사 임원이 탑승하고 있었다. 듣다 듣다 너무 화가 난 임원은 버스에서 내려 그 지원자에게 이름을 물어 인사팀에 알렸다. 결과는 말하지 않아도 상상이 갈 것이다.

장소를 봐가며, 또는 사람을 가려가며 달라지는 매너는 매너가 아니다. 나와 관련 있는 사람에게만 예의를 지키고, 나와

다시 볼 사람이 아니면 예의 따위는 지키지 않아도 된다고 생각한다면 어떻게 매너 있는 사람이라고 할 수 있겠는가. 때와 장소와 사람을 가리지 않는 것. 그것이 진짜 매너다.

복수도 매너 있게

매너를 지키며 산다는 건 솔직히 말해 정말 어렵다. 나도 감정이 있는 사람이고, 다른 사람들보다도 감정 기복이 큰 사람이다. 측근의 말을 인용하자면 내 감정은 영하 100도와 영상 100도를 오간다고 한다. 나는 감정 표현을 솔직하게 하는 편인데 젊었을 때에는 그런 성향이 살아가는 데 큰 무리가 없었다. 그런데 나이가 들고 사회생활을 하면서 내 감정대로만 상대방을 대해서는 안 된다는 걸 깨달았다. 때로는 참아야 하고, 때로는 싫어도 싫은 티를 내면 안 되는 상황도 있다. 부모님은 항상 참는 게 이기는 것이라고 교육하셨기에 내 속이 부글부글 끓어도 참고 잊는 것이 최선이라고 생각했다. 그럼에도 참지 못할 때가 있었다. 자존심에 상처를 주는 말을 들었다든지 무시를 당했다든지, 또는 그 이상의 기분 나쁜 일을 당했을 때

대화 매너

에는 이걸 참아야 하나 말아야 하나 한참을 고민하고 잠을 못 이룰 때도 있다.

'확 싸워버려? 받아버릴까? 그리고 그냥 인연을 끊어버리면 되잖아. 내가 상처받은 만큼 나도 그 사람에게 상처 주고 싶다고! 그래, 다음에 만나면 한마디 쏘아 붙여야지!'

그렇게 밤새 잠도 못자며 며칠간 다짐해도, 막상 다음에 그 사람을 만나면 마음이 흔들리고 정작 아무 말도 못하고 돌아서곤 했다. 내가 가장 신뢰하는 고민상담가인 어머니는 이런 고민을 얘기하면 여지없이 이렇게 말씀하셨다.

"등에 칼을 꽂는다고 복수가 아니야. 싸우고 헐뜯고 나면 뭐가 남니? 그렇게 하면 마음이 편할 것 같아?"

"그럼 어떻게 해? 난 너무 속상하단 말이야!"

"더 잘돼서 그 사람 코를 납작하게 해줘. 그게 복수야."

어쩌면 내가 이 자리에 있는 것도 그런 소소한 복수들이 날 키웠기 때문인지도 모른다. 지금은 기억도 잘 나지 않는, 사소하게 마음 다친 일들이 있을 때마다 난 속으로 생각했다. '내가 더 잘될 거야! 내가 너보다 더 잘돼서 절대 무시하지 못하는 사람이 될 거야!' 이런 유치한 다짐들이 날 이만큼 성장시킨 것 같다. 지금도 마찬가지다. 난 누군가에게 상처받을 때마다 더 열심히 일한다. 더 성공하고 싶어서다. 이게 상대에 대한 복수라고 생각한다. 입에 담지 못할 험한 말을 하며 싸우는 대신, 공부하고 책을 읽고 글을 쓰고 일을 한다.

얼마 전 한 유명인이 텔레비전에 나와 비슷한 생각을 말한 적이 있다.

"한을 한으로 풀면 안 됩니다. 춘향이의 보복은 변 사또를 죽이는 게 아니라 이 도령을 다시 만나 행복하게 사는 것이었습니다."

나만의 복수 방법, 선한 복수 방법을 찾아보자. 그게 나의 마음을 선하게 다스릴 수 있는 나를 향한 매너 있는 태도다.

용모와 복장 관리에 무심하지 마라

그분에게 죄송하다는 말을 전하고 싶다. 지금으로부터 17~18년 전에 나와 소개팅을 했던 그 남성분께 말이다.

남자 친구가 없던 나를 불쌍히 여긴 우리 팀 선배가 진짜 괜찮은 남성이라며 소개팅을 주선해주었다. 만남이 있기 전 서로의 연락처를 받고 전화 통화를 해서 약속 날짜와 장소를 정했다. 매너가 좋았던 그 남성분은 우리 집 바로 앞에 있는 커피숍에서 만나자고 제안했다. 그 당시 차가 없었던 나를 배려한 것 같았다. 게다가 만나기로 한 날이 내가 새벽 비행에서 도착한 날이라 멀리 나오기 불편할 거라며 본인이 우리 동네로 찾아오겠다고 했다. 고마웠다.

그런데 막상 그날이 다가오니 밤샘 비행을 하고 온 터라 정말 나가기가 싫었다. 소개팅이고 뭐고 집에서 잠만 더 자고 싶었다. 하지만 약속까지 해놓은 상태이니 안 나갈 수가 없었다. 침대에서 밍기적거리다 결국 약속시간에 임박해서야 나갈 준비를 하기 시작했다. 시간이 없다 보니 화장도 못하고 옷도 제대로 갖추어 입지 못하고 머리만 대충 말린 채 소개팅 자리에 나갔다. 지금 생각하면 무슨 자신감이었는지 모르겠다. 약속 장소에 나가 보니 상대 남성은 한껏 멋을 내고 정장 차림으로 나를 기다리고 있었다. 그 순간 쥐구멍이라도 들어가고 싶었다. 얼굴이 어떻게 생겼느냐보다 이 사람이 나와의 만남에 얼마나 신경 쓰고 있느냐는 그 사람의 용모나 복장에서 알아차릴 수 있다. 나는 누가 봐도 귀찮은 자리에 억지로 끌려나온 사람처럼 보였을 것이다.

내 모습에 자신이 없다 보니 상대를 대할 때 나도 모르게 위축이 되었고, 눈도 잘 마주치지 못했다. 빨리 집에 가고 싶은 생각뿐이었다. 상대에게 집중할 수도 없고 그가 나를 쳐다보는 것마저도 불편했다. 결과는 예상대로 첫 만남이 마지막 만남이 되었다.

평소 나는 '그날의 자신감은 용모와 복장의 영향을 받는다' 고 생각한다. 객실 승무원으로 일할 때 느꼈다. 그날 유니폼의 상태, 예를 들어 다림질이나 청결함의 상태 등에 따라 자신감이 달라진다. 헤어도 마찬가지다. 10여 년 동안 매일 올림머리를 했지만, 어느 날은 머리가 잘 만져지는 날이 있고 또 어떤 날은 몇 번을 묶었다 풀었다를 반복해도 잘 안 되는 날도 있다. 헤어스타일이 마음에 안 들면 그날은 왠지 사람들 앞에 나가기가 꺼려졌다. 화장 상태도 마찬가지다. 매일 하는 화장인데도 어떤 날은 피부에 트러블이 생겨 뾰루지라도 나면 승객들을 마주할 때 자신감이 떨어졌다. 반면 유니폼의 상태, 헤어, 화장 삼박자가 모두 마음에 드는 날이면 그날은 서비스를 더 적극적으로 할 수 있었다. 여성들이 미용실에서 머리를 한 후에 없던 약속을 잡는 것과 같은 이치일 것이다. 내 용모에 자신 있는 날이면 어디를 가도 자신감이 생기고, 왠지 없던 약속이라도 잡아서 외출하고 싶은 기분이 든다.

대화 매너

그런 이유로 항공사 사무장으로 재직하던 시절에도 후배들이나 팀원들에게 용모와 복장에 대해 강조했다. 승무원으로서 용모와 복장이 깔끔하고 반듯해야 승객 앞에 나설 때 자신감이 생기고 당당해지기 때문이다. 단정한 용모와 복장은 상대방에 대한 최고의 예의와 존경의 표현이기도 하다. 그러니 승객을 맞이하기 전 깔끔한 용모복장은 기본이다. 타 팀원들을 평가할 때에도 나는 용모복장을 많이 보고 평가하는 편이었다. 기본적으로 자기 관리가 제대로 되는 사람은 본인의 일에도 맡은 바 책임을 다하기 때문이다.

승무원들의 깔끔하고 정돈된 이미지가 곧 기업의 이미지와 연결된다는 점에서도 용모복장은 중요했다. 학교에서도 마찬가지다. 내가 재직하고 있는 항공서비스과는 학생들이 강의를 들을 때도 유니폼을 입고 실습과 수업에 참여한다. 돌이켜 보면 정말 단 한 번의 예외도 없이 우등생 치고 유니폼 상태가 지저분하거나 용모가 불량한 학생은 없었다. 항공사 승무원으로 배출된 졸업생들을 돌이켜보아도 학교 다닐 때 용모복장이 항상 깔끔했다.

자기관리를 잘한다고 무조건 성공하는 것은 아니지만, 성공한 사람 치고 자기관리가 제대로 안 된 사람은 없는 것 같다.

현대사회에서 상호 간의 커뮤니케이션을 설명하는 이론 중 하나인 '메라비언의 법칙The Law of Mehrabian'에 따르면, 메시지를 전달할 때 표정이나 태도를 포함한 외적 이미지가 55퍼센트를 차지하고, 목소리가 38퍼센트, 말의 내용은 7퍼센트에 불과하다고 한다. 즉 상대방에게 나를 표현할 때 가장 중요한 것은 시각적 이미지다. 우리는 복장을 통해 개인의 성격, 생활습관, 개성, 사회적 위치, 경제 상황까지도 추측할 수 있으며, 특히 용모복장은 첫인상을 결정하는 데 결정적인 역할을 한다. 그렇다고 지나치게 화려한 복장과 유행을 맹목적으로 따르라는 게 아니다. 업무에 적합하고 자신의 인격과 본인이 속한 조직의 이미지를 고려하여 품위 있고 세련된 용모복장을 갖춰야 한다는 뜻이다. 단정함과 깔끔함에서 나오는 자신감과 신뢰감은 상대방에게 좋은 인상을 주며 일의 성과에도 분명히 긍정적인 영향을 미친다. 궁극적으로 좋은 인간관계의 바탕이 되는 것이다.

교수가 되기 위해 임용 면접을 보던 날이 떠오른다. 전국에서 수많은 지원자가 모였고, 그분들 모두 나름대로 항공사 객실 승무원으로 수년간의 경험이 있는 분들이었다. 국내 항공사 승무원 경력뿐만 아니라 수년간의 외항사 승무원 경력을 가진 분들까지 정말 쟁쟁한 분들이 많이 모였다. 그런데 내 눈에 띈 것은 스타킹을 신지 않은 몇몇 분들의 맨다리였다. 여름에 진행된 면접이어서였는지 어떤 분들은 구두도 샌들도 아닌, 슬리퍼에 굽이 있는 구두를 신고 오신 분들도 있었다. 학교에 임용된 후 이미지메이킹, 또는 학생들에게 면접에 관해 강의를 해야 하는 분들인데 기본 복장 매너를 갖추지 않은 모습에 아쉬움이 남았다.

나는 학생들과 만나는 강의시간을 기쁜 마음으로 철저하게 준비한다. 예전에 비행기에서 승객을 만나기 위해 준비했던 그 마음으로 준비한다. 승무원 시절, 승객과의 약속시간인 탑승시간에 맞추어 용모복장을 깔끔하게 가다듬고 설레는 마음으로 탑승구 앞에 서곤 했다. 안전하고 편안하게 모시겠다는 마음가짐으로 말이다. 지금도 마찬가지다. 최고로 신경 쓴 옷매무새와 헤어스타일링으로 나를 단장하고 강의시간에 맞추어 강의실에 들어선다. 그리고 나의 고객인 나의 학생들을 여전히 설레는 마음으로 바라보며 생각한다. 너희들에게 최고로 멋진 강의를 해주겠다고!

대화 매너

좋은 첫인상도 스펙이다

매너란 남을 배려하는 마음이며 함께 살아가는 세상을 아름답게 만드는 행동이다. 매너가 좋은 사람은 사회생활이 행복하고 타인을 만나는 일이 즐겁다. 그렇기 때문에 프랑스에서는 매너를 '삶을 멋지고 성공적으로 영위할 줄 아는 방법'이라고 정의한다.

그러나 성공적인 커뮤니케이션 전략을 배우고 매너를 몸에 익혔다고 할지라도 첫인상이 좋지 않다면 별 효력을 발휘하지 못한다. 왜냐하면 첫인상에는 5초의 법칙, 콘크리트의 법칙, 부정성否定性의 법칙이 존재하기 때문이다.

상대의 모습만 보고 그 사람이 좋은지 싫은지 5초 내로 결정한다는 게 5초의 법칙이다. 이렇게 받아들여진 상대의 첫인상은 머릿속에 이미지로 각인되어 오래도록 남으며, 콘크리트처럼 고착되어 잘 변하지 않는다. 그것이 콘크리트의 법칙이다. 그리고 한 번 내린 첫인상에 대한 판단을 되도록 부정하고 싶어 하지 않는 것이 부정성의 법칙이다.

첫인상이 좋으면 상대가 실수를 해도 조금 더 기다려주고 "누구나 실수할 수 있는 거야"라고 이해하는 경우가 많지만,

첫인상이 좋지 않으면 으레 그런 사람이라고 지레짐작할 뿐만 아니라 앞으로의 일도 색안경을 쓰고 부정적으로 바라본다. 똑같은 방법으로 일을 처리해도 자신에게 처음 보여줬던 인상의 좋고 나쁨에 따라 사람의 생각에 큰 영향을 미쳐 판이하게 다른 결과를 가져오고, 그 영향은 오래 지속된다. 첫인상이 중요한 이유가 여기에 있다.

예를 들어 신입사원이 입사했는데 첫날부터 시원시원한 목소리로 인사도 잘하고, 앞으로 잘 부탁드린다며 싹싹하게 선배들을 대한다고 가정해보자. 용모복장도 깔끔하게 차려입고 누가 봐도 첫 출근에 매우 신경 쓴 모양으로 예의 바르게 선배를 찾아다니며 인사한다면 첫인상이 나쁠 수가 없다. 이 직원이 며칠되지 않아 실수를 저지른다고 해도 다들 "사람이 컴퓨터야? 어떻게 완벽할 수 있겠어. 사람이니 실수도 하는 거지, 괜찮아." "처음엔 누구나 다 그래. 처음부터 잘하는 사람이 어딨어?" 이렇게 반응할 것이다.

반면 출근 첫날부터 지각하고, 그런데도 미안한 기색 없이 행동하는 직원이 있다고 가정해보자. 늦게 일어난 탓인지 뒷머리는 뭉개져 있고, 양복은 다 구겨져 있으며, 넥타이도 삐뚤어져 있다. 본인 자리를 찾아가 앉으면서도 선배들에게 인사

대화 매너

도 제대로 하지 않는다. 이런 후배의 첫인상이 좋을 수 있겠는가. 그런데 이 신입사원이 며칠 되지 않아 업무 실수를 저질렀다고 해보자. 그럼 사람들은 어떻게 반응할까?

"이럴 줄 알았어. 내가 저 친구 별로라고 얘기했잖아. 처음에 딱 보고 별로라는 걸 알았다니깐!"

그러니 이왕이면 매너 있는 모습으로 상대방에게 다가가야 한다. 내 진가를 있는 그대로 보이고 싶으면 첫인상에도 신경 써야 한다. 이건 예쁘고 잘생기고의 문제가 아니라 태도와 마음의 문제다.

의리도 매너다

오랫동안 거의 무명이다시피 했던 개그우먼이 대세로 떠오른 데에는 '의리'가 그녀의 성공을 도왔기 때문이다. 사실 그녀의 유행어는 이미 몇 해 전 한 남자 배우가 습관처럼 부르짖던 말이었다. "의리!"라고 외치며 주먹을 불끈 쥐던 그는, 개그우먼의 "의리!"라는 유행어가 다시 사람들을 기분 좋게 만들자 덩달아 광고에 출연하는 등 재조명을 받기 시작했다. '의리'라는 단어는 상당히 긍정적인 이미지를 담고 있으며, 왠지 숙연해지기까지 한다.

사전적 의미로 의리는 '사람으로서 마땅히 지켜야 할 도리'를 의미한다. 매너의 의미와 크게 다르지 않다. 의리든 매너든 이 모두가 사람으로서 마땅히 지켜야 하는 도리지만, 마땅히 지켜지지 않기에 '의리'라는 단어에 우리가 더욱 호감을 보이는 건 아닐까 싶다. 미혼인 나는 결혼한 선배들에게 이런 질문을 자주 한다.

"결혼하면 행복해? 지금도 연애 때처럼 형부를 사랑해?"

"애 좀 봐. 사랑은 1년, 길어야 2년이면 끝나. 그 뒤에는 의리로 사는 거야."

사랑보다는 의리로 산다는 말에 나는 다소 실망했다. 평생 사랑하고 보듬고 아껴줘야지 의리로 산다는 게 뭔가. 불타오르는 사랑이 죽을 때까지 계속 이어져야 하는 것 아닌가. 의리로 살려면 왜 결혼을 하나. 사랑이 우정으로 변한다는 건가.

나로서는 도저히 이해할 수 없는 말이었다. 일에 파묻혀서 이삼십대를 지내온 나는 요즘도 거의 늦은 시간에 귀가한다. 때로는 잔업을 하고, 때로는 외부 산업체 관계자들을 만나 회의를 하고, 또 가끔은 퇴근길에 운동하는 날도 있기에 저녁식사는 거의 밖에서 해결한다. 어머니와 단 둘이 사는 나는 매일 혼자 저녁을 드시는 어머니가 안쓰럽고 어머니께 죄송스럽기도 하지만, 나의 삶이 있으니 그 정도는 괜찮다고 스스로를 위안하곤 한다.

그런데 며칠 전 어머니가 심한 독감에 걸려 일어나지도 못하는 지경이 되셨다. 그날 당장 저녁 약속을 모두 취소하고, 운동이며 일도 다 미루고 죽을 사서 집에 일찍 들어갔다. 다음 날에는 갈비탕, 그다음 날에는 삼계탕을 사다 드렸다. 덕분에 어머니는 기력을 조금씩 차리셨고, 셋째 날에는 나에게 문자를 남길 정도로 회복하셨다.

"사랑하는 딸, 오늘도 수고가 많겠지? 고생이 많을 텐데 엄마까지 아파서 신경 쓰느라 더욱 고생이 많네. 바쁜데 고마워. 덕분에 오늘은 많이 나은 것 같다. 사랑하는 딸이 없었더라면 죽을 뻔했어. 고마워, 사랑해!"

어머니가 편찮으시다고 하니 일이고 뭐고 다른 생각을 할 수 없었다. 숟가락 들 힘도 없어 누워 계시는 어머니를 생각하니 뭐라도 저녁거리를 사서 들어가야겠다는 생각밖에 없었다. 그런 나의 감정이 어머니에 대한 '의리'인지도 모르겠다. 가족으로서의 의리, 모녀 간의 애틋한 사랑에서 나온 의리. 이게 바로 매너 아니겠는가. 가족이 아파 누워 있다는데 어떻게 나 혼자 밖에서 '일'이라는 명목으로 사람들을 만나서 맛있는 음식을 먹고, 몸매 가꾸겠다고 운동을 하겠는가. 이번 일을 겪고 나니, 언젠가 결혼 생활은 '의리'라고 했던 선배의 말이 생각났다. 격렬하고 스파크가 튀는 열정적인 사랑이 죽을 때까지 지속되어야 한다고 생각한 내가 어리석었다는 생각이 들었다. 의리라는 감정도 굳건한 사랑의 감정이 배어 있지 않다면 생길 수 없는 감정이다.

가족뿐만 아니라 동료끼리, 친구끼리도 그렇다. 직장 동료가 컨디션이 좋지 않아 점심을 거르겠다거나 빠듯한 회의 준비 시간 때문에 식사를 못한다면 다른 팀원들이 샌드위치랑 우유 정도는 사다줄 수 있다. 받는 사람은 돈으로 환산할 수 없는 가슴 따뜻함을 느낄 것이다. 한 직장 후배가 지지리도 일을 못해 허구한 날 선배에게 혼나고 지적을 당한다고 해보자. 그렇더라도 다른 부서 사람이 그 후배를 비난하는 것은 어쩐지 기분이 나쁘다.

"아니야. 그 친구 그 정도로 엉망은 아니야. 가끔 실수할 수 있는 거잖아. 내가 오랫동안 같은 부서에서 일해 봐서 잘 알아. 그날은 실수였을 거야. 그 친구 일하는 방식이 조금 엉성

대화 매너

하기는 하지만 사람은 진짜 괜찮아."

나에게 혼나는 건 괜찮지만, 남에게 내 후배가 혼나는 건 듣기 싫은 법이다. 이 또한 직장 선후배 간의 '의리' 아니겠는가. 만약 "맞아, 걔 원래 바보야, 바보!"라고 상대와 죽이 맞아 침까지 튀기며 욕하는 선배라면 진짜 매너 없는 사람이다. 같은 사무실에서 이런저런 일을 함께 해내며 미운정 고운정 쌓였는데 그 후배가 언제부터인가 미워 보이지 않고 안쓰럽고 안타까워지기 시작하고, 그러다 장점도 서서히 보이면서 남들 앞에서는 편 들어 주는 것. 그것이 바로 정에서 시작된 '의리'이고 제3자 앞에서 보여야 할 매너다. 그 후배도 엄하고 무서운 선배가 외부에서는 본인을 감싸주고 있다는 사실을 알면 감사한 마음에 어떻게 해서든 선배의 마음에 들고자 노력할 것이다. 그렇게 노력하다 보면 어느새 정말 실력이 나아질 것이고, 비로소 선배에게 칭찬받는, 선배에게 인정받는 후배가 되어 회사 전체에 성과를 내는 든든한 직원으로 성장할 것이다.

1990년대를 주름잡았던 가요를 재조명하여 그때의 추억을 더듬고 그 시절로 돌아가보는 텔레비전 프로그램이 있었다. 나 또한 90년대에 대학을 다녔던 터라 그 시절의 추억과 첫사랑의 기억들이 그 방송을 보며 다시금 떠오르곤 했다.

그중에서 개인적으로 가장 좋았던 무대는 엄정화 씨의 무대였다. 엄정화 씨의 노래도 워낙 좋아했지만, 그보다도 눈에 띄었던 것은 백댄서들이었다. 백댄서의 팀 이름은 '프렌즈'. 이름만 들어도 가수와 백댄서 간의 관계가 어떤지 가늠이 되었다. 10년 전에 같이 활동하고 지금은 뿔뿔이 흩어져 각자의 일터에서 생활하고 있는데도, 엄정화 씨는 '프렌즈' 없는 무대는 의미 없다며 10년 전 멤버들에게 연락을 취했고, 그들 또한 흔쾌히 그녀의 부탁을 수락했다고 한다.

10년 전에는 날씬하고 날렵했던 백댄서들의 몸이 이제는 영락없는 아저씨 몸매가 되어 의상이 작아 터질 듯했지만, 그들의 단단한 결속력과 의리가 무척 감동적이었다. 그동안의 공백이 느껴지지 않을 정도로 호흡이 완벽했으며, 그 모습을 보고 있자니 그들이 서로를 얼마나 믿고, 얼마나 끈끈한 관계였는지 고스란히 보였다. 요즘 잘나가는 아이돌 같은 백댄서들과 무대에 섰다면 그만한 감동이 있었을까?

우리는 유명 연예인이 자신은 정작 전셋집에 살면서 시시때때로 기부하는 모습을 보며 아낌없이 박수를 보낸다. 내 지갑을 두둑이 부풀리는 것보다 도움이 필요한 이웃에게 내 것을 나누는 일이 훌륭하다는 걸 알면서도 남의 일에는 박수 치지

대화 매너

만 우리는 그렇게 행동하지 못한다. 남을 돕겠다며 불쑥 기부 신청을 해놓고는 몇 달이 지나지 않아 기부를 끊어버리는 경우도 다반사라고 한다. 사실 기부는 순간의 기분에 취해 한 턱 쏘는 마음으로 큰돈을 내는 것보다, 적은 액수라도 매월 일정액을 꾸준히 기부하는 것이 수혜자들에게 훨씬 큰 도움이 된다고 한다. 한 번 인연을 맺고 좋은 일을 하겠다고 마음먹었다면 의리를 지킨다는 마음으로 변심하지 말아야 한다.

대체 매너가 무엇일까? 모호해진다면 내가 타인에게 호의를 베풀고 있는지, 또는 의리를 잘 지키고 있는지 생각해보면 된다. 매너는 어렵지 않다. 그저 마음만 있으면 된다.

'엘리베이터에서 만나는 이웃주민들에게 먼저 인사해야 한
다.' '항상 웃으면서 사람들을 대해라.' '징징대지 마라.' 어머
니는 늘 나에게 공부 열심히 해서 학교 성적 잘 받아야 한다
는 말보다 이런 종류의 말씀을 더 많이 하셨다. 내 방 이불이
나 커튼 색상도 항상 밝은 노란색, 분홍색, 하늘색 등으로 단
장해주셨고, 옷도 늘 밝은 원색으로 입히셨다. 어렸을 적 사진
을 보면 회색이나 갈색, 카키색 같은 어두운 무채색 옷은 찾아
볼 수 없을 정도다.

나는 어머니의 그런 가르침을 접할 때마다 어머니가 워낙
엄하신 분이라 그렇다고, 혹은 어머니 자신이 밝은 색상을 좋
아하셔서 그렇다고 생각했다. 그런데 얼마 전 어머니가 이런
말씀을 하셨다.

"난 네가 밝은 사람이 되길 바랐어. 표정도 밝게 만들어주
고 싶었고. 그래서 최선을 다해 네가 스트레스 받지 않게 하

려고 많이 노력했지. 네 인상이 찌그러지지 않게 하기 위해서. 학교에서 짜증나는 일이 있었더라도 집에 돌아왔을 때 집 안이 깔끔하게 정리되어 있고, 밝은 색상으로 꾸며놓은 집을 보면 네 마음도 밝아지지 않을까 생각했어. 그래서 옷도 밝은 색상만 입힌 거야. 넌 그런 엄마 마음 몰랐지?"

몰랐다. 어머니가 그런 마음을 갖고 계신지는 꿈에도 몰랐다. 그 덕분에 나는 이만큼이라도 밝게, 그리고 남들에게 매너 없다고 손가락질 받지 않으며 살고 있다고 생각한다. 어머니의 그런 살아 있는 매너 교육으로 난 남들보다 친절하고 표정 밝은 사람으로 성장할 수 있었고, 특별한 준비 없이 항공사 승무원이 되었고, 승무원 일을 하면서도 좋은 평가를 받을 수 있었으며, 그 덕에 항공서비스과 교수도 되었다.

사람들은 나에게 젊은 나이에 성공할 수 있었던 이유가 뭐냐고 묻는다. 딱 두 가지다. 목표를 향한 노력과 타인을 대하는 매너 있는 말과 행동. 나는 미래의 나의 모습을 명확하게, 그리고 세부 목표를 세워 하나하나 성취하며 희열을 느꼈고, 그렇게 열심히 살면서 주변 사람들을 잘 챙긴 덕에 내가 도움이 필요할 땐 그분들이 언제든 발 벗고 나서 주셨다. 매너 있는 사람이 되어야 한다는 것은 타인을 위해서가 아니다. 바로 나 자신을 위해서다. 타인을 위한 작은 매너가 언젠가는 나에게 더 큰 힘으로 돌아오기 때문이다.

한 텔레비전 프로그램에서 장수마을에 찾아가 100세를 넘기신 할머니를 만나 인터뷰를 한 적이 있다. 건강하시긴 해도 젊었을 때부터 얼마나 고된 일을 하셨는지 허리도 굽으시고, 손마디 마디도 거칠어져 오랜 세월의 흔적이 고스란히 남아 있었다. 장수에 영향을 미치는 건강한 식습관과 건강식에 대해 한참이나 할머니와 이야기를 나누던 리포터가 마지막으로 할머니에게 여쭈었다.

"할머니, 혹시 젊은 사람들에게 하실 말씀 있으세요?"

"응, 살면서 남보다 조금 손해 본다고 생각하고 살어. 그렇게 베풀면서 살어. 그럼 되는 거여~!"

투박한 할머니의 그 말씀에 갑자기 눈물이 핑 돌았다. 하루하루 일에 쫓기며 숨 가쁘게 살며 나도 모르게 압박을 받고 있었던 걸까? 깊게 패인 주름살로 가득한 할머니의 모습이 마치 돌아가신 우리 할머니가 내 손을 잡고 말씀하시는 것 같았다. "그렇게 헉헉거리며 살지 마. 살살해. 주변도 돌아보고, 편안하고, 여유 있게 마음먹어봐. 그렇게 해도 이제는 괜찮아"라고 말씀하시는 것 같았다.

매너도 그런 것이 아닐까? 내 마음이 편하지 않으면 절대 다른 사람이 보이지 않는다. 다른 사람의 입장이 되어 보려는 생각 자체가 들지 않는다. 마치 눈가리개를 하고 내달리는 경주마처럼 그저 앞만 보고 달리는데 어떻게 주변을 바라볼 수 있겠는가. 어쩐지 내가 요 며칠 그렇게 살아온 것 같아 울컥 눈물이 돌았다. 뭐가 그리 바빠 사랑하는 가족, 친지, 친구들, 그리고 그동안 나를 위해 도움을 주셨던 분들에게 안부인사 제대로 못하며 살아왔는지…. 그래서 그날 퇴근길에는 그동안 은혜 입은 몇 분에게 안부 전화를 드렸다. 전화를 받으신 분들 모두 정말 오랜만이라며 무척이나 반가워하셨다. 그분들이 그렇게 기뻐하시니 내 마음도 왠지 뭉클해졌다.

그렇게 매일 정신없이 바쁘게 살면서 문득 생각한다. '여유를 찾자!' 그러다가 주변을 돌아보곤 내가 챙기지 못하고 놓친 일들을 허겁지겁 해치운다. 여전히 나는 그렇게 모자란 사람이다. 매너와 관련된 책을 쓰고 학교에서 학생들에게 매너 있는 사람이 되라고 가르치지만 아직도 매너가 생활 속에서 여유롭고 자연스럽게 나오기보다는 신경 써서 챙기고 노력해야 그나마 '아주 조금' 매너 있는 사람이 되는 듯하다.

타인이 좋은 사람이 되길 바라기보다 내가 조금 더 좋은 사람이 되려고 노력하고, 남들이 해주길 바라기보다 조금 손해를 보더라도 내가 먼저 내어주면 언젠가 그 덕이 나에게 돌아오리라 믿는다. 조금 바보 같을 수 있지만 그렇게 바보 같이 살겠다고 마음먹는다.

　태어나자마자부터 성인이 되어 살아오는 이날까지 매너를 몸소 보여주시고 행동으로 가르쳐주신 사랑하는 어머니께 이 책을 바친다.

2019년 9월

김모란

단숨에
호감형 인간이 되는
매너의 기술

1판 1쇄 인쇄 2019년 9월 23일
1판 1쇄 발행 2019년 9월 30일

지은이 김모란 그림 안다연

발행인 양원석 본부장 김순미
편집장 최은영 디자인 RHK 디자인팀 신자용
해외저작권 최푸름 제작 문태일, 안성현
영업마케팅 최창규, 김용환, 양정길, 이은혜, 신우섭, 윤우성
         유가형, 조아라, 임도진, 김유정, 정문희, 신예은

펴낸 곳 ㈜알에이치코리아
주소 서울시 금천구 가산디지털2로 53, 20층 (가산동, 한라시그마밸리)
편집문의 02-6443-8888 구입문의 02-6443-8838
홈페이지 http://rhk.co.kr 등록 2004년 1월 15일 제2-3726호

ISBN 978-89-255-6779-2 (03190)